JN063376

決算書の
イロハから始める

粉飾決算の
発見と対策

株式会社**帝国データバンク** 編著

銀行研修社

はしがき

　帝国データバンクが発表した『コンプライアンス違反企業の動向調査』によると、コロナ禍前の 2019 年度まで、粉飾を原因とする倒産は増加傾向を示していました。売上水増しなど長期にわたる粉飾や、循環取引により短期間で業績を急拡大させたケースが目立ち、金融機関から簿外で借入れを行い、年商を大きく上回る負債を抱えた倒産が散見されるようになりました。ただ、2020 年のコロナ禍以降は緊急対応として実施された「実質無利子・無担保融資」（いわゆるゼロゼロ融資）が多くの企業に浸透し、総額 43 兆円もの資金が企業の資金繰りを下支えしたことから倒産件数は抑制され、この倒産減少に伴い、増加傾向をみせていた企業の粉飾決算も表面化しにくくなっていきました。しかし、2022 年以降、少しずつ経済活動が再開されるようになると、企業倒産が増加に転じるなかで再び粉飾事例が表面化するようになりました。2023 年 7 月には、民間金融機関のゼロゼロ融資等の返済開始のピークを迎えたことで、今後さらに粉飾決算が増加する可能性も指摘されています。

　金融機関は、融資判断の重要な手がかりとして決算書を徴求し、収益性、安全性、成長性の観点から分析を行いますが、この決算書が粉飾されたものでは適正な判断ができません。また、長年にわたり粉飾を重ねた結果倒産に至るケースも多く、信用リスク管理の面でも粉飾決算は大きな問題となります。足元では金融機関を“あの手、この手”で欺くべく、粉飾決算に手を染める企業が後を絶ちません。したがって、金融機関の法人担当者には粉飾決算を見破るノウハウ習得は必須と言えます。

　しかし、現場からこうしたノウハウが損なわれつつあるようです。

　2009 年 12 月に「中小企業金融円滑化法」が施行された後、東日本大震災やコロナ禍の発生で、中小企業に対する金融支援はさらに手厚くなり、経営者・金融機関双方にとって、円滑な金融支援対応は“当たり前”になりました。また、日本銀行が進めてきた大規模な金融緩和も中小企

業金融の"円滑化"をもたらしています。こうした手厚い支援の姿勢や中小企業金融の円滑化は、企業の財務内容や経営者の能力を厳しくチェックする姿勢を緩和する方向に作用し、金融機関担当者それぞれの「企業をみる能力（＝目利き力）」の低下につながっている可能性があるのです。この結果、『粉飾決算』発見のノウハウも損なわれているということです。

　本書は、金融機関の現場から粉飾決算を見破るノウハウが損なわれつつあるという問題意識の下、粉飾決算の具体的手口と発見方法を解説していきます。日常取引からの粉飾可能性判断や、粉飾決算と裏腹の関係にある融通手形取引の感知と対策についても解説しました。さらに、決算書に関する基本的知識がなければ粉飾決算を理解することは難しいため、第1章で決算書の基本を会話形式により平易に解説し、本論の粉飾決算の解説をスムーズに読み進められるように工夫しました。また、近年の粉飾倒産事例をケーススタディーとして多数盛り込みました。本書を通読することで、粉飾決算について必要十分な実務知識を習得できるものと考えます。

　本書が読者諸兄の日常業務に際して、いささかでもお役に立つことができれば望外の幸せです。

2023年10月

株式会社帝国データバンク

目　　次

第1章　決算書のイロハ

第2章　粉飾決算のパターンと具体的手口

第4章　外部分析からの粉飾決算の手掛かり

第5章　融通手形の発見と対策

第 1 章

決算書のイロハ

本書「決算書のイロハから始める　粉飾決算の発見と対策」は、『粉飾決算』の手口を知り、どう発見するかのポイントを理解していただくことを目的に刊行するものです。

　粉飾決算とは、企業が財務諸表を不正に操作し、実際よりも良い経済的状況を示そうとする不正行為のことです。粉飾決算により、企業の財務諸表は実際の業績や実態と乖離したものとなりますから、こうした決算書を受け取った金融機関は企業の本当の状況を正確に把握できなくなってしまうのです。その結果、金融機関は信用度の低い企業に貸出を行ってしまったり、返済原資が不確実な赤字の穴埋め資金を融資してしまったりするなど、誤った融資判断や意思決定を行う可能性が高くなります。

　こうした粉飾決算は近年相当増加しています。

　その背景の１つに、金融機関側の「融資判断の伝統的ノウハウ」が棄損しており、粉飾決算発見の感度が鈍っているとの指摘があります。企業側も、1998 ～ 2019 年にかけてスタンダードとなった「金融検査マニュアルベースの融資判断」や財務分析ソフトの弱点を逆手にとってチェックの目をかいくぐっているとされます。企業の「資産」や「収益・費用・利益」、「資金繰り」、「所要資金」については、決算書ベースでしっかり把握できるのですが、この決算書分析が形式的になってしまった結果、分析ノウハウも棄損していき、粉飾決算も見抜くことができなくなっているというのが現状と言えます。

　そこで第１章ではまず、金融機関の融資判断の大前提となる「決算書」につき、非常に平易に解説していきます。

　以下では「先輩社員」「新入社員」の２人に登場してもらい、その対話を通じて「決算書」の全体像を理解していってください。

第1節

決算書のしくみ

1　決算書とは？

①会社の成績表

先輩社員：さて、本日から教育担当になりましたので、今日から少しず
　　　　　　つ仕事を教えていきますね。あわせて知っておいてもらいた
　　　　　　い知識として財務会計の基礎をお話ししていきます。知って
　　　　　　いることもあるかもしれませんが、一歩ずつ着実に進んでい
　　　　　　きましょう。

新入社員：ありがとうございます。学生時代は歴史を専攻していたので、
　　　　　　会計や財務の知識はほぼ素人ですが、1日でも早く戦力にな
　　　　　　れるように頑張ります！

先輩社員：では早速、決算書と聞いてどんなイメージを思い浮かべます
　　　　　　か？

新入社員：そうですね。経営者や投資家が見ている難しい資料という印
　　　　　　象です。チラッと見たことがありますが、漢字や数字が大量
　　　　　　に並んでいて、読み解くには相当勉強しなければならないん
　　　　　　だろうな、と思いました。

先輩社員：そうですね。初見では抵抗感があるかもしれません。ですが、
　　　　　　決算書は平たく言ってしまうと会社の成績表といったところ

です。

新入社員：成績表ですか。なんだか学校を思い出して、急に親近感が湧いてきました。ということは、その会社の得意な分野や苦手な分野が分かるんですか？

先輩社員：そのとおり。ただ、ある程度の知識がないと、それらを見つけるのは容易ではありません。"決算書"と一言に呼んでいますが、貸借対照表（B／S）、損益計算書（P／L）、株主資本等変動計算書、キャッシュフロー計算書、注記表など複数の帳票によって成り立っています。さらに税務署に提出する申告書を加えると、資料は膨大になります。

②決算書作成にはルールがある

新入社員：すみません、メモが追いつきませんでした…。どうしてそんなに複数の帳票に分かれているんですか？

先輩社員：集計期間やタイミング、目的がそれぞれ異なるためです。例えば、家計簿をつけていますか？

新入社員：これまでは、お金の管理はズボラでしたが…社会人になったので、きっちりつけ始めました！

先輩社員：良い心がけです。家計簿をつける、どれだけ今月使ったかと、今いくらお金が残っているかが分かりやすくなりますよね。これが会社になると、何に使ったのかをグループに分けて集計したり、現金以外にいくらの財産があるかを計算したりしなければなりません。そうやって、膨大な情報を誰でも分かるようにまとめたものが決算書です。

新入社員：誰でも分かるように、ですか？

先輩社員：はい。決算書を作成する時には守るべきルールがあります。会計基準に則り、全ての会社が同じルールで資料を作成していると、読み手にとってはどんな良いことがあるでしょう

か？

新入社員：見比べやすいです！

先輩社員：そうです。最初に言ったとおり決算書は会社の成績表ですから、比較できないと善し悪しが分かりません。

新入社員：決算書があれば良い会社か、悪い会社か、分かっちゃうんですね。

先輩社員：ところが、決算書だけでは分からないこともたくさんあります。就職活動のときに、会社のどんなところをみていましたか？

新入社員：あっ、会社の雰囲気や、どのような人が社長なのかを重視していました。それは決算書を見ても分かりませんよね…。

先輩社員：そういうことです。決算書などから把握できる数字の情報を「定量情報」、今、話したような数値以外の情報を「定性情報」と言いますのであわせて覚えておいてください。

新入社員：定量と定性ですね。塩と砂糖をよく間違えるので、これは逆に覚えないように気をつけます！

③貸借対照表と損益計算書

先輩社員：決算書の中でも根幹と言える2帳票があります。貸借対照表（たいしゃくたいしょうひょう）と損益計算書になりますが、見聞きしたことがありますか？

新入社員：『たいしゃく』対照表と呼ぶのですね…。確か貸借対照表には、現金や社有の土地、借金などの金額が記載されていると何かの本で読みました。

先輩社員：そうですね。ゆくゆく、細かな内容について説明していきますが、まずはおおまかなイメージを掴んでもらえれば十分です。また、貸借対照表は冒頭に『令和5年3月31日現在』といった感じで、決算期末の一時点の情報であることが示されています。

図表 1-1　貸借対照表の全体像

貸借対照表
令和×年×月×日現在

資産の部		負債の部	
流動資産		流動負債	
当座資産		支払手形	×××
現金・預金	×××	買掛金	×××
受取手形	×××	引当金	×××
売掛金	×××	前受金	×××
有価証券	×××	仮受金	×××
棚卸資産		短期借入金	×××
商品・製品	×××	固定負債	
仕掛品	×××	社債	×××
原材料	×××	長期借入金	×××
貯蔵品	×××	**純資産の部**	
固定資産		株主資本	
有形固定資産	×××	資本金	×××
無形固定資産	×××	資本剰余金	×××
投資その他の資産	×××	利益剰余金	×××
		新株予約権	×××
繰延資産	×××	評価・換算差額等	×××

新入社員：決算書は、必ず期末時点で作成されるものなのでしょうか？

先輩社員：そうですね。中小零細企業でも必ず税務申告する必要がありますので、1会計期間、つまり基本的には1年ごとに作成されます。ただ、よりタイムリーな情報提供をするため、上場企業の中間期や四半期報告といった形で、決算期間の途中で作成されることもあります。これは、損益計算書も同じですね。

新入社員：損益計算書は一番上に売上高がきていて、一番下に利益があるものですよね？　私には損益計算書のほうがイメージしやすいです。

図表 1-2　損益計算書の全体像

損益計算書
自 令和×年×月×日～至 令和×1年×月×日

(単位：百万円)

科　目	金　額	
売上高		×××
売上原価		×××
売上総利益		**×××**
販売費及び一般管理費		×××
営業利益		**×××**
営業外収益		
受取利息及び配当金	×××	
その他	×××	×××
営業外費用		
支払利息	×××	
その他	×××	×××
経常利益		**×××**
特別利益		
固定資産売却益	×××	
その他	×××	×××
特別損失		
固定資産売却損	×××	
減損損失	×××	
その他	×××	×××
税引前当期純利益		**×××**
法人税、住民税及び事業税	×××	
法人税等調整額	×××	×××
当期純利益		**×××**

先輩社員：確かに、1年間の売上やそれを獲得するために発生したコス
　　　　　トをまとめたものですので、どちらかというと損益計算書の
　　　　　ほうが理解しやすいでしょう。こちらは『自 令和4年4月
　　　　　1日～至 令和5年3月31日』といったように集計期間が示
　　　　　されます。

新入社員：作成するタイミングは同じでも、貸借対照表は決算期末の1
　　　　　時点、損益計算書は集計期間1年間という違いがあるのです
　　　　　ね。

④貸借対照表と損益計算書の金額は強く連動

先輩社員：そして、その貸借対照表と損益計算書の金額は強く連動して
いるんですよ。

新入社員：1時点と1年の集計期間ではまったく別ものに見えますが
……どのように連動しているのですか？

先輩社員：1年間の売上とコストを損益計算書で集計して、その結果と
して、期末にどれだけの資産や負債が残っているかが貸借対
照表に計上されます。そして、その翌日から次の期の損益計
算書の集計期間が始まりますので、会計的には貸借対照表は
損益計算書をつなぐ『連結環』と例えられることもあります。

新入社員：なるほど！　損益が赤字続きであれば、コストばかり嵩んで
現金が減りますし、場合によっては借金が増えている状態に
なるわけですね。それが貸借対照表に表示されるということ
でしょうか？

先輩社員：そんなイメージです。後できちんと説明しますが、もう少し
細かく話すと、損益計算書の最終的な損益結果である利益が、
貸借対照表の純資産の項目に反映されます。このようなこと
から、2帳票をチェックするときは、どのような点に気をつ
けたらよいと思いますか？

新入社員：役割が違うので、どちらか1帳票だけ見て判断してはいけな
い、ということが分かりました。他には『連結環』というキー
ワードから、決算書はずっと繋がっているという印象を受け
ました。過去期も確認して企業の趨勢を見極めたほうがよさ
そうですね。

先輩社員：そのとおりです。大前提として現代では経済が発展して、企
業は将来にわたって事業を継続していくことが当たり前にな
りました。その前提に立つと、損益計算書の結果が赤字でも、
財務内容が充実している企業とそうでない企業とでは見え方

の印象が大きく変わってくるはずです。

新入社員：貸借対照表は積み上げた結果、ということですね。そうであれば、企業の強み・弱みがつかめそうですね！

ポイントの整理

・決算書には、「貸借対照表」、「損益計算書」、「株主資本等変動計算書」、「キャッシュフロー計算書」、「注記表」など複数の帳票が存在する。
・決算書等から把握できる情報を「定量情報」、数値以外の情報を「定性情報」という。
・貸借対照表は決算期末時点の情報。
・損益計算書は１事業年度の期間情報。
・損益計算書の結果である利益・損失が貸借対照表に反映される関係により、２つの帳票はつながっている。

2　貸借対照表の構造

①左右の合計金額が一致する

先輩社員：貸借対照表は１時点の財政状態を表したものでしたよね。では図表を見てみましょう。大きく左右に分かれていますね。

新入社員：確か、左側と右側に呼び方があり、「借方（かりかた）」と「貸方（かしかた）」というんですよね？　どっちがどっちだか、よく分からなくなってしまうんです。

先輩社員：簿記・会計を習い始めた人の「あるある」ですね。ひらがなで借方の「り」をイメージすると、最後に左側にはらっているので左が借方、そして貸方の「し」は右側にはらっているので右が貸方と私は覚えました。

図表 1-3　貸借対照表の構造

資産の部		負債の部	
流動資産		流動負債	
当座資産		支払手形	××××
現金・預金	××××	買掛金	××××
受取手形	××××	引当金	××××
売掛金	××××	前受金	××××
有価証券	××××	仮受金	××××
棚卸資産		短期借入金	××××
商品・製品	××××	固定負債	
仕掛品	××××	社債	××××
原材料	××××	長期借入金	××××
貯蔵品	××××	**純資産の部**	
固定資産		株主資本	
有形固定資産	××××	資本金	××××
無形固定資産	××××	資本剰余金	××××
投資その他の資産	××××	利益剰余金	××××
		新株予約権	××××
繰延資産	××××	評価・換算差額等	××××

新入社員：なるほど、それは面白い覚え方ですね！ 私も今日から、左・
　　　　　右は卒業します。

先輩社員：その一歩一歩が大切です。さて、貸借対照表は借方に表示さ
　　　　　れる金額の合計と貸方に表示される金額の合計が必ず一致し
　　　　　ます。

新入社員：知ってます！ 左右が必ず一致してバランスをとっているか
　　　　　ら、貸借対照表のことをバランスシートと呼ぶんですよね？
　　　　　あと、バランスシートを略してB／Sと表示するんですよね？

先輩社員：確かに貸借対照表は英語でBalance Sheet、略してB／Sと
　　　　　呼びますが、均衡という意味でのバランスではありません。
　　　　　Balanceには残高や差額という意味もあり、会計的には本
　　　　　来そちらの意味から名付けられたものです。

新入社員：勘違いしていました……。聞いて良かったです。

②資産表示のルール

先輩社員：さて、貸借対照表の借方（左側）に計上されるのが「資産」
　　　　　　のグループです。これはイメージしやすいかと思います。

新入社員：そうですね！　現金や建物、土地といったものなら分かりま
　　　　　　す。まだ、よく分からない科目もありますが…。

先輩社員：順を追って中身を紹介していきますから、焦らないで大丈夫
　　　　　　です。資産はその名のとおり、お金そのものや売れそうなも
　　　　　　のが計上されます。他にも、商品を販売したけれども期末時
　　　　　　点で回収できていない代金（受取手形や売掛金）や、土地・
　　　　　　建物、さらにソフトウェアといった無形のものも計上されま
　　　　　　す。

新入社員：上半分が流動資産、下半分が固定資産とありますが、なにが
　　　　　　違うのでしょうか。

先輩社員：資産は流動資産と固定資産として、①営業に深く関連するか
　　　　　　どうか、②1年以内に現金化するかどうか、という観点で区
　　　　　　分して表示するルールがあります。①を「正常営業循環基準」、
　　　　　　②を「ワンイヤールール」といって、以降で説明する負債も
　　　　　　同様の考え方で区分していますよ。

新入社員：1年以内に現金化するかどうかはイメージができます。

先輩社員：ワンイヤールールのほうは分かりやすいですよね。これは、
　　　　　　例えば貸したお金で考えてみると、1年以内に返してもらう
　　　　　　予定なら流動資産に表示し、1年以内に返してもらう予定で
　　　　　　はない分は固定資産に表示する、というルールです。では、
　　　　　　正常営業循環基準は聞いたことはありますか？

新入社員：いえ、聞いたことはありません。ただ、言葉のイメージから、
　　　　　　普段の営業で取引するときに使う科目ということでしょうか？

先輩社員：なかなかいい線行っていますよ！　正常な営業サイクル、例
　　　　　　えば商品を仕入れてきて残った在庫、それを売って入金待ち

となっている債権は、入金予定時期に関係なく流動資産に分類されるというルールです。正常営業循環基準に基づけば、１年以内に現金化が予定されなくても流動資産に表示される、ということです。

新入社員：正常な……ということは、異常なものもあるんですか？

先輩社員：そのとおり。正常な営業サイクルから外れてしまったものとして、経営破綻や実質的にそのような状態の会社に対する債権があります。破産債権、更生債権と呼びますが、これらは正常営業循環基準ではなく、ワンイヤールールに照らして流動資産と固定資産どちらに表示するかを決めます。

新入社員：まずは正常営業循環基準、次にワンイヤールールで考えるということですね。流動資産と固定資産の区分がよく分かりました！

③「貸方」は会社の資金調達手段

先輩社員：では、ここからは貸借対照表の貸方について話していきたいと思います。図表1-3をもう一度確認してみてください。貸方は「負債」と「純資産」のグループに分かれていますね。

新入社員：負債は分かります。銀行等から借りたお金などが計上されているんですよね。

先輩社員：そうですね。他にも商品を仕入れたけれど、期末にまだ払っていない債務（支払手形や買掛金）も計上されます。そして、②でお話しした資産と同じように、負債も「流動負債」と「固定負債」に区分されます。

新入社員：正常営業循環基準とワンイヤールールでしたね。その点はきちんと理解できています。それより、負債の下に表示されている「純資産」というのがいまいち分かりません。ここが重要だと聞いたことがあるので、しっかり勉強したいです。

先輩社員：まず貸借対照表の構造をかなりざっくりお話しすると、借方は会社の持っている資産、貸方は調達手段を表しています。負債はいつか返さなければならない調達手段だとすると、純資産は返済義務のない自分のお金といったところです。

新入社員：そういえば、負債は『他人資本』、純資産は『自己資本』とも呼ぶと聞いたことがあります！

先輩社員：そうです。では、調達手段として負債と純資産のどちらが多いほうが安心できるでしょうか？

新入社員：やはり借金の少ない会社、つまり純資産が多いほうが盤石なイメージです。

先輩社員：そうですね。資産合計のうち、純資産の割合がどれだけあるかを示す指標に『自己資本比率』というものがあります。自己資本比率が高ければ高いほど安定性・安全性が高いと判断できます。これは最重要の分析比率なので、よく覚えておきましょう。

新入社員：分かりました。ところで純資産はどうやれば増やすことができるんですか？

先輩社員：純資産の背景としては、まず出資した株主の存在があります。株主が出資したお金は純資産の中の「資本金」といった科目に計上されます。

新入社員：もし会社が倒産しても、株主が出資したお金は株主に返す必要がないので、返済する義務がない調達手段というわけですね。

④利益は「純資産」の増加要因

先輩社員：それから、前項「1．決算書とは？」で、「損益計算書と貸借対照表は強く連動している」と話しましたよね。イメージはつかめましたか？

新入社員：はい。1年間の売上とコストを損益計算書で集計して、その

結果として、期末にどれだけの資産や負債が残っているかが貸借対照表に計上されるというお話しでした。

先輩社員：そのとおり！ 損益計算書で計算した利益は、純資産に積み増されていくんです。純資産科目の中に『利益剰余金』、さらにその中に『繰越利益剰余金』という科目があり、最終的に利益が出ると、この『繰越利益剰余金』が増えて純資産が増大していきます。

新入社員：会社が自分で稼いだものなので、これも返済する義務がない調達手段ということですね。

先輩社員：そうです。そして、利益をしっかり出すということは、自己資本を増強し、会社の信用を強化することにつながるということです。反対に、赤字が続くとその逆になります。

ポイントの整理

・貸借対照表には借方（左側）と貸方（右側）があり、左右の合計が必ず一致する。
・資産・負債ともに正常営業循環基準とワンイヤールールによって、流動と固定に区分される。
・自己資本比率は資産合計（総資本）のうち、純資産の割合を示す指標で、これが高いほど安全性・安定性が高い企業と言える。
・損益計算書で計算された利益は、貸借対照表の純資産に積み増されていく。

---

3 損益計算書の構造

①損益計算書の全体像

先輩社員：続いて『損益計算書』を見ていきましょう。まずは全体像と

して、その構造をお話ししていきますが、実は『貸借対照表』より分かりやすい、と感じる人が多いようです。

図表 1-4　損益計算書の全体像

(単位：百万円)

科　　目	金　額	
売上高		×××
売上原価		×××
売上総利益		**×××**
販売費及び一般管理費		×××
営業利益		**×××**
営業外収益		
受取利息及び配当金	×××	
その他	×××	×××
営業外費用		
支払利息	×××	
その他	×××	×××
経常利益		**×××**
特別利益		
固定資産売却益	×××	
その他	×××	×××
特別損失		
固定資産売却損	×××	
減損損失	×××	
その他	×××	×××
税引前当期純利益		**×××**
法人税、住民税及び事業税	×××	
法人税等調整額	×××	×××
当期純利益		**×××**

新入社員：1年間にどれだけ売上を計上し、コストはどのくらい出たのか、最終的にどれほど儲かったのか、というのは確かに直感的に理解しやすいですよね。

先輩社員：そうですね。ただ、コストの分類や利益の意味など、段階がいくつか分かれていますので、取り違えて覚えないように注意しましょう。

新入社員：はい…。ただ、一番上は売上高、というのはさすがに間違えませんよ。

先輩社員：会社が儲けて存続していくには、商品やサービスをお客さん
　　　　　に買ってもらわなければいけませんからね。まずは、売上高
　　　　　がトップライン（一番上）に計上されます。そして、製造業
　　　　　であればその商品を製造するための、卸売業であれば商品仕
　　　　　入など、売上高に直接結びつくコストが、その下に計上され
　　　　　ます。

新入社員：原価ですね！ 製造業なら製造原価、卸売業なら売上原価な
　　　　　ど、呼び方が業態によって少し変わることもありますよね。

先輩社員：しっかり予習しているようですね。そのとおり。そして、売
　　　　　上高から原価を差し引いた、第一段階目の利益である『売上
　　　　　総利益』が計上されます。これは『粗利』とも呼ばれますね。

新入社員：最近では原価率何パーセントで提供しています、といった売
　　　　　り文句を見かけることもありますね。企業努力のアピールで
　　　　　しょうね。

先輩社員：ただ、サービス業など、会社によっては原価を計上しないケー
　　　　　スもありますので注意しましょう。次に、売上とは原価ほど
　　　　　の直接の結びつきは薄いものの、会社を経営していく上で必
　　　　　要なコストである『販売費及び一般管理費』が計上されます。
　　　　　役員報酬や、広告宣伝費等がその一例です。

新入社員：よく略して『販管費』と呼ばれる経費ですね。『売上総利益』
　　　　　から『販管費』を差し引いて求められる利益は……『営業利
　　　　　益』ですよね？

先輩社員：正解です。この『営業利益』は本業で儲けた利益とも呼ばれ
　　　　　ます。そして、その下には本業外の儲けやコストである『営
　　　　　業外収益』と『営業外費用』が計上されます。

新入社員：預金の受取利息や借入金の支払利息あたりが思い浮かびます。

先輩社員：今はそのイメージで良いでしょう。『営業利益』から『営業
　　　　　外収益・費用』を加減算して求められる次の利益は何でしょ

うか？

新入社員：『経常利益』ですね。つい、『営業利益』と呼んでしまうこと
　　　　　があるので、ここは特に注意しています。

先輩社員：経常利益は、会社全体のもうける力を示す利益、と呼ばれる
　　　　　こともあります。損益計算書はまだ続いていまして、この下
　　　　　は臨時・巨額の収益やコストである『特別利益』と『特別損
　　　　　失』が計上されます。

新入社員：そして、『当期純利益』が最後に来るんですよね？

先輩社員：おっと、『特別損益』の下の利益は『税引前当期純利益』で
　　　　　すよ、そこから『法人税等』を差し引いて、税引後の『当期
　　　　　純利益』となりますから注意しましょうね。

新入社員：全問正解と思って油断しました…。もう一度、全部のコスト
　　　　　と利益を書き出して復習します！

図表 1-5　損益計算書の表示項目と利益の関係

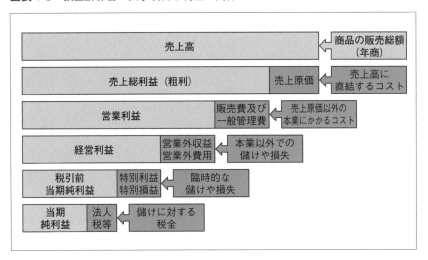

②収益は現金の受取りとは必ずしも一致しない

先輩社員：ところで家計簿は継続できていますか？　確か、社会人に
　　　　なったのをきっかけに始めたと言ってましたが…？

新入社員：家計簿もアプリのおかげでなんとか続けられています！　ア
　　　　プリに銀行口座やクレジットカードを登録すると、自動で計
　　　　算してくれるので…。ただ、収支では黒字のはずなのに、預
　　　　金残高は減っている月があったり、その逆が起こる月があっ
　　　　たりするのですよね…。こういったことは、会社の会計でも
　　　　起こるんですよね？

先輩社員：そこは重要なポイントですよ。いい機会ですので、一緒に考
　　　　えてみましょうか！　家計簿上の収支と、預金残高の間でな
　　　　ぜそのようなズレが生じるかというと、収支を認識…つまり
　　　　家計簿上に反映するタイミングと、現金が動くタイミングは
　　　　必ずしも一致しないからです。例えば、今日のお昼ご飯に
　　　　1,000円を現金ではなくクレジットカードで支払うとします。
　　　　家計簿にはおそらく、今日の昼食代として支出に計上されま
　　　　すが、クレジットカードの引落し日が来月だとしたら、今月
　　　　の預金残高はどうなりますか？

新入社員：今月の預金残高には変動なく、来月の預金残高からマイナス
　　　　1,000円される、ということですね？

先輩社員：そうです。なぜ家計簿の収支と預金残高の増減にズレが生じ
　　　　るのか、何となくイメージがつきましたか？　会社の会計に
　　　　おいても、基本的な考え方は同じです。家計簿でいうところ
　　　　の収支、つまり企業会計の利益は『収益－費用』で算出しま
　　　　す。収益は売上、費用は仕入コストや人件費などのことです。
　　　　ここでポイントになるのは、収益や費用をそれぞれどのタイ
　　　　ミングで認識するか、つまり決算書上にいつ計上するか、と
　　　　いうことです。

新入社員：先ほどの昼食代のように、現金の動きとは関係なく決済した
　　　　　タイミングで、ということでしょうか？

先輩社員：現金の動きとは関係ない、というのは正解ですが、企業会計
　　　　　の場合、会計基準によってそのタイミングが決められていま
　　　　　す。まず収益です。売り手が『商品を売る』あるいは『サー
　　　　　ビスを提供する』という義務を果たしたときにその分の売上
　　　　　を計上する、とざっくりイメージしておきましょう。『その
　　　　　分の』と言ったのは、仮にそのサービス提供が長期間に及ぶ
　　　　　場合、例えば３年がかりの工事であれば、完成まで待たずに
　　　　　１年ごとに終わった分を売上計上するイメージです。義務を
　　　　　果たすことで認識するので、現金の受領は関係ありません。

新入社員：何となく、イメージできました。収益は現金の受取りとは必
　　　　　ずしも一致しないということですね。

③費用も現金の支払いとは必ずしも一致しない

先輩社員：それでいいです。では次は『費用』ですね。こちらもやはり
　　　　　現金の支出とは関係なく、発生をベースに認識します。ただ、
　　　　　発生した時点で全てを一括で認識するわけではなく、先ほど
　　　　　認識した収益と対応させて、こちらも期間で配分します。例
　　　　　えば、機械を買ったらその時点で費用として一括計上するわ
　　　　　けではなく、減価償却費という形で耐用年数、つまり機械を
　　　　　使えると思われる期間や機械による投資効果が期待できる期
　　　　　間で配分することになります。

新入社員：なるほど。社内で利用する機械科目は、営業科目ではありま
　　　　　せんし、ワンイヤールールに照らしても固定資産に計上され
　　　　　るんですよね。買った時点では費用ではなく資産という形で
　　　　　計上されるということでしたが、ここにつながるんですね。

先輩社員：仮に機械を現金一括で購入していた場合、預金残高はその時

点で機械の代金の全額分減ることになりますが、決算書上には数年かけて少しずつ費用計上されるわけです。

新入社員：費用も現金の支払いとは必ずしも一致しないということが分かりました！ この前提に立てば、収益と費用の差額である利益も、現金の増減と必ずしも一致しない、ということですね。家計簿のほうも、月々の収支はもちろんですが、残高不足にも気をつけて、引き続き頑張ります！！

ポイントの整理

・会計上、利益＝収益－費用で算出される。
・収益と費用は、現金の受領と支出とは無関係に認識（決算書上に計上）される。

第2節
貸借対照表の
チェックポイント

1　貸借対照表（借方）の主要科目とチェックポイント

⑴流動資産

①当座資産とは「容易に換金可能な資産」

先輩社員：貸借対照表のざっくりとした構造を覚えていますか？

新入社員：大きく左の借方に資産、右側の貸方に負債と純資産が計上されている、という構造でしたよね。

先輩社員：バッチリですね。頭の中でイメージが描けるようになってきたでしょうか。そして、今回からは各論的に貸借対照表を掘り下げていこうと思います。今日は資産の一番左上、流動資産のうち当座資産と呼ばれるグループについて説明していきましょう。

新入社員：その中には現金や預金も含まれているんですよね？　でも、当座資産という言葉はあまり聞いたことがありませんね…。

先輩社員：確かに普段の生活の中では登場しませんが、貸借対照表の分析をする上では欠かせない範囲と言えるでしょう。当座資産は現預金に加えて、容易に換金可能な資産を指します。

図表 1-6　貸借対照表と流動資産

資産の部		負債の部	
流動資産		流動負債	
当座資産		支払手形	×××
現金・預金	×××	買掛金	×××
受取手形	×××	引当金	×××
売掛金	×××	前受金	×××
有価証券	×××	仮受金	×××
棚卸資産		短期借入金	×××
商品・製品	×××	固定負債	
仕掛品	×××	社債	×××
原材料	×××	長期借入金	×××
貯蔵品	×××	**純資産の部**	
固定資産		株主資本	
有形固定資産	×××	資本金	×××
無形固定資産	×××	資本剰余金	×××
投資その他の資産	×××	利益剰余金	×××
		新株予約権	×××
繰延資産	×××	評価・換算差額等	×××

新入社員：容易に換金できる、ということは上場企業の株式なども含まれるのでしょうか？

先輩社員：そうですね。具体的に当座資産の中身を列挙すると…、現金・預金や、受取手形・売掛金の営業債権、また有価証券なども含まれます。この流動資産に計上される有価証券は、主に売買して利益を上げることを目的として保有されるものとなりますね。

新入社員：やはり、資産の中で当座資産が占める比率が高いほうが良いのでしょうか？

先輩社員：基本的にはそうですね。短期的な債務支払能力を見極めるための「当座比率」という分析指標があります。これは当座資産の流動負債に対する割合を示すものです。一般的に 100%以上、つまり流動負債以上の当座資産を有しているのが望ましいとされていますね。

②流動資産は「月商比」で分析するのが良い

新入社員：流動資産と流動負債を比較した流動比率というのは聞いたことがありますが、当座比率はより狭い範囲である当座資産に絞った指標ということですね。

先輩社員：そうですね。ちなみに、流動比率は一般的に200％以上が好ましいと言われますが、不良債権や架空資産といった粉飾決算はここから見抜けませんし、より精緻な分析をするのであれば、流動資産の各科目を「月商比」でチェックすることも有効です。例えば、現預金のボリュームや、「売上債権回転期間」に踏み込んで把握すべきでしょう。

新入社員：その回転期間というのも確か月商比のことを指すんですよね？

先輩社員：正解です。売上債権回転期間は、売上高（月商）に対する売上債権（受取手形や売掛金）の割合を示します。このように、月商と比較する手法はとても有効なので、ぜひ覚えておいてください。

新入社員：現預金についても、具体的にどのくらい持っていたほうが良い、という目安はあるのでしょうか？

先輩社員：一般的には月商の1カ月分以上は欲しいところですが、ケースによっては期末に親会社に現預金を預けているなど、何かしら事情があるのかもしれません。ゆくゆく説明しますが、特に現預金については「キャッシュフロー計算書」を確認したいところですね（83頁参照）。

新入社員：売上債権回転期間というのは、売掛金や受取手形を合算した月商比のことですよね？　これは、少ないほうが良いのでしょうか？

先輩社員：いずれもそのとおりです。売上債権回転期間が短いということは、つまり、滞留している売上債権が少なく、早く現金化

できている、と評価できますからね。

新入社員：資産の一番はじめから、重要ポイントがたくさん出てきましたね。忘れないように、きっちり復習して次に進みたいと思います。

③期末在庫を意図的に増やすと利益が水増しされる

先輩社員：引き続き流動資産の中で棚卸資産を掘り下げていきましょう。

新入社員：昔、商店街の雑貨屋でアルバイトをしていたことがありますが、年末に棚卸をしたことがありますよ。小さい個人経営のお店だったので、在庫を数えて一覧表を手書きで作成した思い出があります。

先輩社員：それでしたら、棚卸資産のイメージもつきやすいでしょうね。小売店のケースだと、商品在庫がメインでしょうが、製造業や建設業の場合は、原材料のほか、「途中経過のもの」も仕掛品として棚卸資産に計上されます。

新入社員：最終的にはいずれ販売される商品や製品になるものも、棚卸資産に含まれるということですね。

先輩社員：基本的にはその理解でよいです。ただし、商品のように販売を予定しておらず、販売活動や一般管理活動において短期間に消費する資産、つまり事務用消耗品等も貯蔵品という科目で棚卸資産に計上されることがありますので、覚えておきましょう。

新入社員：そうなんですね。私も小さなお店を手伝っていただけですが、棚卸は大変でした。もっと大きな製造業の棚卸はなかなか想像がつきません…。おそらく今はシステム化されているところが多いと思いますが、カウントを間違えてしまうと資産の額が変わってしまいますよね。

先輩社員：そのとおりです。もっと言うと、損益にも影響します。

図表 1-7　売上原価

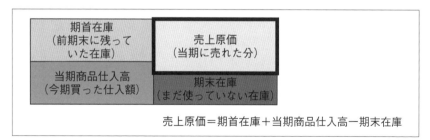

期首在庫 （前期末に残って いた在庫）	売上原価 （当期に売れた分）
当期商品仕入高 （今期買った仕入額）	期末在庫 （まだ使っていない在庫）

売上原価＝期首在庫＋当期商品仕入高－期末在庫

新入社員：棚卸資産が損益に…？　なぜですか？

先輩社員：簡単に説明すると、今期の売上原価を計算する際に、棚卸資産が関係するからです。図表 1-7 のとおり、売上原価は、前期末に残っていた在庫に、今期買った仕入額を足して、そこから、まだ使っていない当期末の在庫を差し引いてコストを把握します。さて、仮に、この期末在庫の数量を意図的に増やすとどうなるでしょうか？

新入社員：コスト把握で当期末の在庫を差し引くということは、期末在庫を増やすと売上原価が少なくなって…利益が増えます！ということは、それも粉飾の一種ですよね。在庫が多すぎる場合は注意したほうが良い、というのは聞いたことがありますが、そういうことでしょうか。

先輩社員：そうです。在庫を実態よりも多く計上すると、コストが少なくなって利益が多くなります。これがいわゆる粉飾です。反対に、在庫を少なくしてコストを大きくする逆粉飾というものもあります。

④棚卸資産についても月商比がチェックポイント

新入社員：逆粉飾なんて、何のためにするんでしょうか？

先輩社員：利益を少なく申告することになりますので、脱税につながり

ます。少々、損益面の話になりましたが、棚卸資産について
も、月商比、つまり棚卸資産回転期間のチェックが重要にな
ります。

新入社員：では棚卸資産回転期間が長期になっていると、粉飾の可能性
がある、ということですね？　ただ、どのように見極めれば
いいんでしょうか？

先輩社員：前期以前からの回転期間の動向や、同業種平均などがモノサ
シになるでしょう。例えば、サービス業でほとんど商品の仕
入がないケースでは、棚卸資産の計上は少ないはずです。一
方で、不動産売買業においてはかなり多額の土地や建物と
いったものが棚卸資産になりますので、業種にあった分析が
必要です。

新入社員：棚卸資産の分析をするときに、業種以外にも気をつけるべき
事はありますか？

先輩社員：例えば、売上が増加している成長期や、期末に多く仕入れを
した場合は、一時的に在庫が大きくみえるなど、何か事情が
あるのかもしれません。財務分析においては、決算書や財務
分析値だけで結論を出さないようにしましょう。

新入社員：そうですよね。常に、なぜこのような分析結果になったのか
背景を考えるクセをつけたいと思います。

ポイントの整理

・当座資産とは現金・預金に加えて、容易に換金可能な資産のこと
である。
・当座資産の流動負債に対する割合を示す指標を当座比率といい、
100％以上が望ましい。

$$※当座比率（％）＝\frac{当座資産}{流動負債}×100$$

・流動資産の流動負債に対する割合を示す指標を流動比率といい、200％以上が望ましい。

$$※流動比率（\%）＝\frac{流動資産}{流動負債}\times 100$$

・より精緻な分析には、現預金の月商比や売上債権回転期間の把握をすべきである。

$$※現預金月商比率（月）＝\frac{現預金}{月商}$$

$$※売上債権回転期間（月）＝\frac{売上債権}{月商}$$

・棚卸資産についても月商比としての棚卸資産回転期間のチェックが重要である。

$$※棚卸資産回転期間（月）＝\frac{棚卸資産}{月商}$$

・棚卸資産回転期間が長期の場合は、その背景・要因の把握につとめる。

(2)固定資産

①正常営業循環基準とワンイヤールールに該当しない資産

先輩社員：次は貸借対照表の左下のグループ、固定資産を見ていきましょうか。その中でも、イメージしやすい有形固定資産です。

新入社員：土地や建物、車や機械といったものが計上されるグループですね。いずれも高価なものばかりのイメージです。

先輩社員：そうですね。他の具体例を挙げていくと、建物附属設備や構築物、船舶や航空機、工具・器具・備品といったものがあります。流動資産と固定資産を分けるルールとして、正常営業循環基準とワンイヤールールを説明しましたよね。

図表 1-8　貸借対照表と固定資産

資産の部			負債の部		
流動資産			流動負債		
当座資産			支払手形	×××	
現金・預金	×××		買掛金	×××	
受取手形	×××		引当金	×××	
売掛金	×××		前受金	×××	
有価証券	×××		仮受金	×××	
棚卸資産			短期借入金	×××	
商品・製品	×××		固定負債		
仕掛品	×××		社債	×××	
原材料	×××		長期借入金	×××	
貯蔵品	×××		**純資産の部**		
固定資産			株主資本		
有形固定資産	**×××**		資本金	×××	
無形固定資産	**×××**		資本剰余金	×××	
投資その他の資産	**×××**		利益剰余金	×××	
繰延資産	×××		新株予約権	×××	
			評価・換算差額等	×××	

新入社員：すぐに現金化するようなものではなくて、長く使っていくモ
　　　　　　ノのグループなんですね。

②固定資産と減価償却の考え方

先輩社員：おおむねその理解で良いでしょう。長く使うモノではありま
　　　　　　すが、有形固定資産の全てが、価値を保ちつづけるものでは
　　　　　　ありません。簿記・会計の中でも重要な考え方の１つに減価
　　　　　　償却があります。使っていくうちに、また時間の経過に応じ
　　　　　　て徐々に費用化していく（損益計算書で費用として計上され
　　　　　　る）というものです。

新入社員：買ったばかりの新車は価値があるけれど、使っていくうちに
　　　　　　価値が減少していくというような考え方ですよね。貸借対照
　　　　　　表上にまずは計上され、それらの計上額が少しずつ減少する
　　　　　　のと合わせて、同額が損益計算書の費用になっていくのは、

帳票がつながっているイメージが湧きます。そうなると、貸借対照表には期末時点での価値を計上するのでしょうか？

先輩社員：そうです。期末までに計上した償却費の合計を減価償却累計額といいます。また、決算書の表示方法には、購入したときの取得原価から減価償却累計額を差し引いた純額を表示する直接法と、取得原価の下に減価償却累計額をマイナスで併記する間接法の2つがあります。

新入社員：なるほど。でも、直接法だと当初はどのくらいの価値だったのか分からなくなっちゃいますね。

先輩社員：会計ルールでは、直接法の場合は注記として減価償却累計額を示すことになっています。極力、決算書本表以外もチェックしたいところですね。

新入社員：そうでした、決算書は本表だけではなく注記表もあるんでしたね。気をつけたいと思います。ところで、最終的にどの有形固定資産も価値がゼロになるんですよね？

先輩社員：いえいえ、減価償却しない資産も存在しますよ。例えば土地がそうです。また、建設途中の建物等の建設仮勘定という科目も、まだ使い始めていませんので償却しません。こういったものを、非償却性資産と呼びます。逆に建物や機械、工具・器具・備品といったものは償却性資産ですね。

新入社員：逆に土地といったものは値上がりもしそうですけど、その場合は貸借対照表上の金額も修正するのでしょうか？

先輩社員：詳しい説明は省きますが、過去に時限立法として土地を再評価して、その差額を純資産に計上するという動きもありました。ですが、原則は購入価額のままという決まりです。土地を売ってお金を得たら、利益が確定しますが、持っているだけの場合は未実現利益といっていわゆる含み益の状態になります。

新入社員：それは面白いですね！ でも土地以外の償却性資産も、物理的なモノが残っていれば、帳簿上はゼロ円でも、利用価値が完全にゼロになるわけではないですよね。

先輩社員：なかなか良い着眼点です。でも処分するのにお金がかなりかかるケースもありますので、気を付けてください。

新入社員：固定資産に入ってから、より一層、計上されている金額そのままを鵜呑みにするのは良くないというのが分かってきました。

③無形固定資産とは実体のない資産

先輩社員：さて、引き続き固定資産の部を見ていきますが、次は無形固定資産です。その名のとおり、実体のない資産のグループになります。

新入社員：ソフトウェアなどが計上されるんですよね？ プロ向けのソフトだと、何十万円もするものがあって驚きますよね。

先輩社員：オーダーメイドの基幹ソフトなんかですと、数千万円になるものもありますよ。そういったものも資産に計上し、耐用年数に応じて償却していきます。ちなみに、有形固定資産と異なり、貸借対照表への計上は償却額を差し引いた後の直接法しか認められていません。

新入社員：そうなんですね。固定資産を見るときに注目してみます。他にどのような無形固定資産科目があるのでしょうか？

先輩社員：無形固定資産に計上されるものは、他に特許権や商標権、意匠権、借地借家権といった法律上の権利もあります。また、「のれん」という科目が多額に計上されることもあり、要注目です。

新入社員：のれん…ですか？ 何でしょう？ 定食屋さんをくぐるときに掛けてあるのれんが思い浮かびました。

先輩社員：そうです、その「のれん」が語源の科目です。のれんは、以前は営業権とも呼ばれていました。超過収益力といって、ごく簡単に言ってしまうとお店のブランド力のようなイメージでしょうか。

新入社員：それは面白いですね！ 高級ブランドや大手メーカーだと、のれんの計上額が大きいのでしょうか？ そもそも、どのように金額を見積もるのかも思い浮かびません。

先輩社員：自社はこれだけのブランド力があるから、100億ののれんを計上します、といったものは認められません。こういったパターンは「自己創設のれん」と呼ばれます。そして、のれんが計上されるのは、M＆Aなどによって他社を購入したときとなります。

新入社員：買った会社の購入額が計上されるのでしょうか？

先輩社員：いえいえ、購入先の会社も資産や負債を持っていますよね。仮に、その差額の純資産をその会社の価格と考えたとき、それ以上の金額を出して買った場合の差額がのれんになる、というイメージです。

新入社員：なるほど！ 確かに、計上されていた金額以上の価値、ということですね。のれんも償却するんですよね？

先輩社員：そこなんですが、ブランド価値って時の経過によって減るのでしょうか？ それとも、逆に価値が上がるかもしれませんよね？

新入社員：なんだか分からなくなってきましたが…のれんも土地と同じように、非償却性資産なんでしょうか？

先輩社員：日本の会計基準では、のれんは20年以内で規則的に償却するルールですが、国際会計基準では非償却とされています。ここは、のれんに対する考え方の違いが会計基準に出ているのですね。ちょっと踏み込んだ話題になってしまいましたね。

新入社員：確かに難しい印象ですが、そういったものも資産として計上
　　　　　　されると知り、驚きました。決算書の面白さが、少しずつ分
　　　　　　かってきた気がします。

先輩社員：いいですね。ぜひ、気になる企業があれば調べて決算書を見
　　　　　　てみてください。上場企業であれば、誰でも決算書をネット
　　　　　　上から見られますから、どんな資産が計上されているかに注
　　　　　　目してみると面白いかもしれませんよ。
　　　　　　さて、固定資産についても有形、無形と確認してきました。
　　　　　　もう1つグループがあるので確認しましょう。

④有形・無形固定資産以外の固定資産「投資その他の資産」

新入社員：そうなんですね。やはり固定資産の分類なので、すぐに現金
　　　　　　化するようなものとは違うんですね？

先輩社員：はい。投資その他の資産というグループで、投資目的の財貨
　　　　　　や他の会社等に対する1年を超える長期の貸付金などで、こ
　　　　　　れまで話した有形固定資産や無形固定資産に属さないものが
　　　　　　計上されます。

新入社員：確か有価証券は当座資産の中に出てきましたが、投資その他
　　　　　　の資産にも計上されるケースもあるということでしょうか？

先輩社員：そうです。有価証券は、その保有目的によって計上されるグ
　　　　　　ループが変わってくる、という会計ルールがあります。当座
　　　　　　資産の中に計上される有価証券は、短期の売買目的のものに
　　　　　　なります。では、投資その他の資産に計上されるのはどのよ
　　　　　　うなケースだと思いますか？

新入社員：ワンイヤールールのことを考えると、1年以内に売買しない
　　　　　　ような、長期で保有しようと考えている株式等でしょうか？

先輩社員：正解です。特に満期まで保有する意図がある社債等の債権を、
　　　　　　満期保有目的債権と言います。その他にも、子会社株式や関

連会社株式といった、当面売却することはなく、他の会社を支配または、影響力を及ぼす目的で保有している株式も投資その他の資産に計上されます。

新入社員：社債と聞くと、資金調達のために発行する負債科目をイメージしますが、購入した場合は債権として資産勘定になるんですね。ちなみに、どうするか迷っている株式があったときはどうするんでしょうか？

先輩社員：明確に短期で売買する目的や、子会社株式のような支配の目的がなければ、その他有価証券として投資その他の資産に計上されます。また、売りたくても売れない、つまり上場されていない株式もこちらに計上されることになります。決算書上の勘定科目は投資有価証券という名称になることが一般的です。

新入社員：目的が途中で変わったら振り替えるんですね！

先輩社員：そうなりますが、会計ルールまた税務の観点からも保有目的の区分を変えるのは正当な理由がなければダメです。この考え方は、他の適用している会計方針などもそうで、その会社が勝手気ままにコロコロ変えられては困りますからね。

新入社員：確かにそうですね。毎期流動比率が大きく増減するなど、分析も分からなくなってしまいます。

先輩社員：それと、この投資その他の資産で忘れて欲しくないのが破産更生債権等や長期の貸付金の存在です。

新入社員：破産更生債権等は確かに資産価値がなさそうですね。でも貸付金などにも注意すべきなのでしょうか？

先輩社員：破産更生債権等は、通常は貸倒引当金が設定されることにより簿価に計上される金額が小さくなっていると思いますが、貸付金は、例えば赤字続きのグループ会社に貸し付けているお金だと、必ずしも返ってくる保証はありませんよ。もちろ

ん、貸付金そのものが悪い、というわけではなく、その中身
の見極めが重要になってきます。

新入社員：なるほど。長期滞留している債権ではないか、といった着眼
点ですね。月商でチェックする方法を教えてもらいましたの
で、多額の貸付金が計上されているときは気をつけたいと思
います。

ポイントの整理

・有形固定資産の計上方法には、取得原価から減価償却累計額を控
除した後の金額を記載する直接法と、その両方を併記する間接法
がある。

・時間の経過や使用により価値が減少する建物や機械などは償却性
資産となるが、価値が減少しない土地などを非償却性資産といい、
減価償却を行わない。

・無形固定資産の計上方法は、有形固定資産と異なり、取得原価か
ら減価償却累計額を控除した後の金額を記載する直接法のみが認
められている。

・超過収益力を意味するのれんは、日本基準では償却されるが、国
際会計基準では非償却の科目である。

・有価証券は保有目的に応じて計上区分が異なる。

・投資その他の資産に計上される有価証券は、子会社・関連会社株
式のほか、満期保有目的債権とその他有価証券が「投資有価証券」
として計上される。

・破産更生債権等や長期滞留している貸付金などは、その中身に注
意する。

(3)繰延資産

①繰延資産は「費用」としての性質を持つ

新入社員：投資その他の資産まで説明してもらいましたので、次は貸借
　　　　　　対照表の負債の部でしょうか？

先輩社員：流動資産、固定資産と見てきましたが、もう1つ資産のグルー
　　　　　　プとして「繰延資産」が残っています。

新入社員：繰延資産ですか？　はじめて聞きましたが、そんな資産があ
　　　　　　るんですね？

先輩社員：資産とありますが、本来は費用としての性質をもっています。
　　　　　　ですが、将来にわたって効果が期待されることから、資産に
　　　　　　グルーピングされる科目となります。お金を払った期だけで
　　　　　　はなく、翌期以降に費用化していく考え方は、会計原則の『費
　　　　　　用収益対応の原則』によるものです。

図表 1-9　貸借対照表と繰延資産

資産の部		負債の部	
流動資産		流動負債	
当座資産		支払手形	×××
現金・預金	×××	買掛金	×××
受取手形	×××	引当金	×××
売掛金	×××	前受金	×××
有価証券	×××	仮受金	×××
棚卸資産		短期借入金	×××
商品・製品	×××	固定負債	
仕掛品	×××	社債	×××
原材料	×××	長期借入金	×××
貯蔵品	×××	**純資産の部**	
固定資産		株主資本	
有形固定資産	×××	資本金	×××
無形固定資産	×××	資本剰余金	×××
投資その他の資産	×××	利益剰余金	×××
繰延資産	×××	新株予約権	×××
		評価・換算差額等	×××

新入社員：なんだか難しそうなキーワードが出てきました…。

先輩社員：このレクチャーでは、会計原則までは踏み込んで説明しませんが、しっかり収益と費用を対応させることで、きちんと経営成績である損益計算書を作りましょう、というイメージで良いです。

新入社員：なるほど。固定資産の減価償却費のようなものですね。でも、その固定資産と繰延資産の違いは何なのでしょうか？

先輩社員：そうですね。徐々に費用化して損益計算書に計上していく流れは同じですが、固定資産と違って性質が費用ですので、繰延資産を売却するようなことはできません。また、基本的には計上される科目が定められています。

②年々増加する繰延資産科目があったら要注意

新入社員：具体的にどのような科目があるのでしょうか？　ここまで話を聞いても、あまりイメージがわきません。

先輩社員：無理もないですね。科目は『創立費』『開業費』『開発費』『株式交付費』『社債発行費』です。このうち、例えば『創立費』は設立登記までに要した費用ですので、毎期計上されるようなものでもありません。『株式交付費』『社債発行費』あたりは字面でなんとなくイメージできるかもしれませんが、どちらかというとレアな科目と言えるでしょう。

新入社員：繰延資産が計上されているような決算書を見た記憶がなかったのですが、確かにどの科目も『費』とついていますね。

先輩社員：そうですね。ですので、償却していくことでいずれ資産からなくなる科目で、直接法で計上表示されます。

新入社員：無形固定資産と同じですね！

先輩社員：確かにそのとおりですね。なお、この繰延資産について、本来は償却によって減っていく項目ですが、年々増えているよ

うな動きがあれば、注意したいところです。本来は繰延資産
として認められない費用科目を振り替えてしまっている可能
性もあります。あまり見かけない繰延資産だからこそ、この
ようなポイントを見落とさないようにしましょう。

新入社員：貸借対照表は期末時点の状況ですから、経年比較が重要です
よね。また、中身がよく分からない繰延資産科目が多額にあ
れば注意したいと思います。私も理解が進んできた気がしま
す。

先輩社員：いいですね。財務分析は、単純に分析指標の計算方法や意味
が分かっているだけでは対処できません。まずは、決算書の
中身への理解を深めてもらって、ゆくゆくはいろんな分析方
法も紹介したいと思います。

ポイントの整理

・繰延資産とは、本来は費用だが、将来にわたってその効果が期待
されるため、資産に計上される科目である。
・費用が繰延資産として次期以降に繰延べられる根拠は費用収益対
応の原則による。

2　貸借対照表（貸方）の主要科目とチェックポイント

(1)負債の部

①流動負債と固定負債

先輩社員：では、今回からは貸借対照表の右上のグループ、『負債の部』
について説明していきます。

図表 1-10　貸借対照表と負債の部

資産の部		負債の部	
流動資産		流動負債	
当座資産		支払手形	×××
現金・預金	×××	買掛金	×××
受取手形	×××	引当金	×××
売掛金	×××	前受金	×××
有価証券	×××	仮受金	×××
棚卸資産		短期借入金	×××
商品・製品	×××	固定負債	
仕掛品	×××	社債	×××
原材料	×××	長期借入金	×××
貯蔵品	×××	**純資産の部**	
固定資産		株主資本	
有形固定資産	×××	資本金	×××
無形固定資産	×××	資本剰余金	×××
投資その他の資産	×××	利益剰余金	×××
		新株予約権	×××
繰延資産	×××	評価・換算差額等	×××

新入社員：貸借対照表の右下のグループは『純資産』で、いずれも、資金の調達手段なんですよね。

先輩社員：そうです。また、負債の部も資産の部と同じように、流動と固定に分けられます。この意味は分かりますよね？

新入社員：はい。おおむね１年以内にどの程度の支払いが発生するのか、また、流動資産とのバランスを見る際に分かりやすくするためです。ちなみに流動と固定の区分についてですが、負債の場合、１年以内に返済予定の『短期借入金』は流動負債に、１年を超えて返済予定の『長期借入金』は固定負債に分類されるようなイメージで良いのでしょうか？

先輩社員：そうですね。細かい話ですが『長期借入金』のうち１年以内に返済予定の部分は『１年以内返済長期借入金』といった科目で流動負債に計上されます。この考え方は『社債』や『リース債務』といった科目も同じですので覚えておきましょう。

　　　ちなみに、復習になりますが流動比率はどの程度が理想的で
　　　したでしょうか？

新入社員：理想的な流動比率は…、たしか一般的に 200％以上でしたよ
　　　ね？

先輩社員：正解です。ただ、資産の中に架空のものや、資産価値のない
　　　ものが含まれるケースもあるので、鵜呑みにしないように、
　　　とお話ししましたね。

新入社員：ということは、負債側の粉飾、というパターンもあるのでしょ
　　　うか？

先輩社員：残念ながら存在します。例えば多額の負債を抱えている会社
　　　が、実態を隠すために借金の一部を簿外にする可能性があり
　　　ますね。なんとか金融機関から資金を引き出したくて、その
　　　場凌ぎの粉飾に手を染めることもあります。

新入社員：見極めが難しそうですが、どういった点に注意すればよいの
　　　でしょうか？

先輩社員：例えば、かなり多くの金融機関から借入をしている、いわゆ
　　　る多行取引のケースや、過去から連続で決算書を見て不自然
　　　な点がないか、また、可能であればキャッシュフロー計算書
　　　を確認するなど、総合的に判断しなければなりません。粉飾
　　　については本書のメインテーマであり、第2章以降でも改め
　　　て取り上げたいと思いますので、本章では、まずは基礎固め
　　　を意識していきましょう。

②引当金・前受金等も負債

新入社員：そうします！　負債はもちろんお金を返さなければいけない
　　　科目ですから、少ないほうが良いのですよね？

先輩社員：基本的な考え方はそうですね。ただし、資金繰りの観点から
　　　は営業債権よりも営業債務のほうが多いと、余裕があるとい

う見方もできますが、今は割愛しますね。

新入社員：負債の部には、営業債務である買掛金や支払手形および金融機関からの借入金が計上されるイメージですが、合っていますか？

先輩社員：今、挙げてもらった科目に対してはきちんとお金を払う必要がありますが、この他に、負債の部には引当金という科目が計上されることがあります。これは、将来、費用や損失として計上される可能性が高いものを見積もって計上した科目、と言えるでしょう。

新入社員：引当金という言葉はなんとなく耳にしたことがありますが、具体的にはどのようなものが負債に計上されるのでしょうか？

先輩社員：例えば、修繕引当金あたりは分かりやすいでしょう。将来の大規模な修繕に備えて計上されることがあります。

新入社員：その言葉は聞いたことがあります！ マンションに住んでいると毎年、住人から少しずつ積み立てられますよね。法人の負債科目にもあるんですね。

先輩社員：一般的には「修繕積立金」と呼ばれていますよね。「引当金」は現金の積み立てとセットで計上されるわけではありませんが、おおむねイメージをつかんでもらえれば OK です。商品やサービスの提供前にお金を受け取ったときに計上される『前受金』も負債の科目となります。

新入社員：支払義務が残っているというわけではなく、この場合は商品等を提供する義務が残っている科目ですね。

先輩社員：そうなります。また、『前受金』は営業取引に関わるもので、それ以外の一定の契約に従い、継続して役務提供を行うケースにおいて、まだ提供していない部分に対する支払を受けたものは『前受収益』といった科目になります。

新入社員：『前受金』はイメージできるのですが、『前受収益』はどのようなケースで発生するのでしょうか？

先輩社員：例えば、会社の敷地の一部を駐車場として貸しているとしましょう。月末に賃料をもらいますが、それが1日〜31日ではなく、15日締めだった場合をイメージしてみてください。

新入社員：分かってきました。翌月の1日〜15日までの分は、先にお金をもらっている、ということになりますね。この部分はまだ収益に計上してはいけない、ということですね！

先輩社員：正解です。一方で、決算月の16日〜月末までが『不動産賃借料』などとして収益に計上されることで、切り分けがされるということです。きちんと期間損益計算を行うための考え方ですね。ちなみに、似たような負債科目に『仮受金』というものがあります。これは、なぜ入金されたのか分からないといったケースに用いる一時的な科目で、決算のタイミングで然るべき科目に修正されるべきものです。

新入社員：修正されているべき『仮受金』が決算書に多額に計上されていれば、その理由や背景を確認したい注意すべきケース、ということですね。覚えておきます。

③従業員の源泉徴収所得税は企業の負債に計上

先輩社員：引当金は、将来発生しそうな費用や損失を先に計上する科目でしたよね。『前受収益』とあわせて、何となく損益計算書と貸借対照表が関連している、というイメージがわいてきたのではないでしょうか？　このような着眼点を鍛えていくと、帳票間のつながりが分かってきて、決算書を見る力が伸びていきます。

新入社員：それぞれの科目を見るときに、今後は収益になるのか、費用になるのか、はたまた現預金の増減か、など考えていくとそ

の会社の今後も少し見えてきそうですね。

先輩社員：そのとおりです。では負債の部では、もう１つ『預り金』という負債科目についても紹介しておきましょう。

新入社員：その名のとおり、誰かからお金を一時的に預かっている科目ですよね？　どんなものがあるのでしょうか？

先輩社員：毎月、会社が従業員から預かっているものがありますよ。ご自身の給与明細を思い出してください。

新入社員：確かに！　私の給料から源泉徴収された所得税などが引かれています。会社が代わりに納付するので『預り金』として負債に計上されるんですね。

先輩社員：勘定科目は分かりやすいように『従業員預り金』などで表示されるケースもあります。

新入社員：おおむね負債の部のイメージもつかめてきて、貸借対照表が分かってきた気がします。ですが、次回からは一番苦手な『純資産の部』でしょうか…。耳慣れない科目が多くて、いつもどのように見ればよいか分からなくなります。

先輩社員：全体像をお話ししたときに、負債は『他人資本』、純資産は『自己資本』というキーワードが出てきましたよね。あまり難しく捉えすぎずに、まずは純資産の部は金額が大きければ良いグループというのを念頭に置いて話を聞いてもらえると良いでしょう。

ポイントの整理

・負債の部にも、流動・固定の区分がある。

・負債の部に計上される引当金とは、将来、費用または損失となる可能性が高い科目を指す。

・商品やサービス提供前に支払いを受けた場合は前受金が負債に計上される。

> ・一定の契約に従い、継続して役務の提供を行う場合、いまだ提供していない役務に対し支払を受けた場合は前受収益が負債に計上される。

(2)純資産の部

①純資産は自己資本とも呼ばれる

先輩社員：さて、貸借対照表も大詰め、最後の『純資産の部』に入ります。ここだけで専門書が出ているくらい、論点が多いポイントになりますが、まずは初心者目線で説明していきます。

新入社員：お願いします。貸借対照表の中でも純資産の部は重要で、いの一番に覚えさせられたのは『自己資本比率』でした。この値が高いほうが良い会社、ということはぼんやり知っています。

図表1-11　貸借対照表と純資産の部

資産の部		負債の部	
流動資産		流動負債	
当座資産		支払手形	×××
現金・預金	×××	買掛金	×××
受取手形	×××	引当金	×××
売掛金	×××	前受金	×××
有価証券	×××	仮受金	×××
棚卸資産		短期借入金	×××
商品・製品	×××	固定負債	
仕掛品	×××	社債	×××
原材料	×××	長期借入金	×××
貯蔵品	×××	**純資産の部**	
固定資産		株主資本	
有形固定資産	×××	資本金	×××
無形固定資産	×××	資本剰余金	×××
投資その他の資産	×××	利益剰余金	×××
		新株予約権	×××
繰延資産	×××	評価・換算差額等	×××

先輩社員：そうですね。算式はざっくり言ってしまうと『$\dfrac{純資産}{総資産} \times 100$』となりますが、この純資産が自己資本と呼ばれることから、自己資本比率という呼び名になっていますね。

新入社員：単純にこの値が高いと、自己資本、つまり返済義務のない調達手段で資産を買っているということですよね？

先輩社員：おおむね、そう言って差し支えないでしょう。自己資本比率は『安全性・安定性』を見極める指標と言えます。

新入社員：ただ、純資産の部はナントカ準備金とか、耳慣れない科目ばかりでよく分からないんですよね。

②純資産の主要部分は株主資本

先輩社員：あせらず順番にいきましょう。純資産の部もいくつかに分けられるのですが、本丸は『株主資本』となります。今回はこの中身を説明していきます。大きく分けて『資本金』『資本剰余金』『利益剰余金』の3つです。

新入社員：資本金は設立したときに株主から振り込まれるお金ですよね。増資や減資で動くことはあるものの、中小企業では特にそのような動きは稀なので、毎期同じ金額が計上されているイメージです。

先輩社員：そうですね。資本金は増減があれば登記しなければいけません。資本金をはじめとする純資産が減ってしまうと、お金を貸している債権者からすれば、お金が返ってくるか不安になりますよね？ なので、増減資を行うためには所定の手続きが必要で、他の科目のように簡単に動かせないようなルールになっています。

新入社員：経営者としても、お金を借りるときや、お客さんから良いイメージを持ってもらうために自己資本比率を高く保ちたいで

すよね。資本金が1円から会社を設立できるそうですけど、大きな会社ほど資本金も大きいですよね。

先輩社員：続けて資本剰余金です。ちょっと難しく聞こえるかもしれませんが、これは資本取引から生じた剰余金と説明され、ごく簡単に説明すると、資本金としなかった元手と言えるでしょう。ただ資本金のような登記は必要ないため、相対的に動かしやすい科目と言えますが、根底は資本を充実させ、厚みを持たせることが求められています。

新入社員：なるほど。確かに『資本』とついていますしね。では利益剰余金は、自社で儲けたお金が貯まったものということですか？

先輩社員：そうですね。もう少し踏み込んで説明すると、資本取引から生じたものが資本剰余金、損益取引から生じたものが利益剰余金と分けられています。そのため、利益剰余金については、利益が出れば増え、損失を出せば減っていきます。そして通常は、この利益剰余金の科目の1つである『繰越利益剰余金』から株主に配当がされることになります。

新入社員：耳慣れない科目が多いのは確かですが、何となく純資産の部の構造が分かってきたような気がします。

③債務超過

先輩社員：初心者のうちは、まずはこの程度の切り分けが理解できていれば良いと思います。もう1点、重要なキーワードとして『債務超過』があります。これは聞いたことがあるでしょう。

新入社員：赤字続きの会社で、繰越利益剰余金のマイナスが膨らんで、とうとう他の純資産科目の合計よりもマイナスが大きくなってしまっている状態ですよね。倒産しそうな会社、という印象が強いです。

先輩社員：はい、『債務超過』は純資産の部がマイナスになっており、資産を全部売っても負債を返しきれないような、不健全な財務状態であることは確かですね。

新入社員：倒産してしまいそうなイメージですが、中小企業の決算書では、よく見かけると聞きます。単純な疑問ですが、そのような状態で会社を続けることは可能なのでしょうか？

先輩社員：債務超過に陥ったからといって、直ちに借金を全額返済するようなことはありませんし、いきなり銀行取引が停止することもありません。少々踏み込んだ話になりますが、中小企業の場合は、社長が株主であることも多く、一時的に社長個人のお金を会社に入れることで、急場を凌ぐ判断も発生します。

新入社員：増資をするイメージでしょうか？

先輩社員：資本金の増加には登記が必要ですので、社長が会社にお金を貸すような形態をとるパターンが多いです。また、この場合は役員借入金という科目などで、金融機関からの借入と分けるのが一般的です。

新入社員：なるほど。そして、業績が回復してきたら、役員借入金を返済して債務超過をクリアにしていく、ということですね。

先輩社員：そのようなシナリオが理想的ですね。債務超過の決算書を分析するときは、いつから、どのような原因で債務超過となったのかや今後の会社の方針をつかむなどして、より慎重な目線で判断していく必要があります。

新入社員：初心者のうちは難しそうですが、債務超過かどうかや、自己資本比率だけで判断せずに、資産・負債の中身にも目を向けていくように心がけたいです。

④株主資本以外の純資産

先輩社員：今後、損益計算書についても話していきますが、1帳票の1

　　　　　カ所だけで決めつけないよう、俯瞰して企業の分析をする姿
　　　　　勢を忘れないようにしましょう。さて、②では純資産の部の
　　　　　うち『株主資本』をフォーカスしましたが、残りを簡単に説
　　　　　明していきましょう。1つは『新株予約権』です。

新入社員：その勘定科目も聞いたことがありません…。ですが、科目名
　　　　　からすると、増資につながるものでしょうか？

先輩社員：なかなか良いカンしてますね。新株予約権を持っている人は、
　　　　　それを発行した会社に対し、権利行使によって約束した価格
　　　　　で株式を買うことができます。また、自社の役員や従業員に
　　　　　発行されるものはストック・オプションと呼ばれ、一定条件
　　　　　で権利行使できるインセンティブとしても活用されています。
　　　　　ですが、新株予約権は、権利が行使されないこともある『仮』
　　　　　の状態でもありますので、『株主資本』からは分けられてい
　　　　　ます。

新入社員：ストック・オプションという言葉は、経済新聞で目にした記
　　　　　憶があります。発行する会社としては、純資産の部に計上さ
　　　　　れるんですね。

先輩社員：最後に『評価・換算差額等』というグループがあります。詳
　　　　　しい説明は省きますが、例えば固定資産の投資その他の資産
　　　　　に計上する『投資有価証券』を時価で評価したとき、値上が
　　　　　りしているけど、まだ売って利益を確定させたわけではない
　　　　　ので、一時的に、差額をこのグループに計上します。

新入社員：『その他有価証券』は、『投資その他の資産』の説明の時に出
　　　　　てきた科目ですね。確か、有価証券は保有目的に応じて、計
　　　　　上区分が変わるんでしたよね。

先輩社員：そうです。時価評価の方法といった会計処理も、実は変わっ
　　　　　てきます。ひとまず、ここでは純資産の部が、大きく『株主
　　　　　資本』『新株予約権』『評価・換算差額等』というように分か

れている、とイメージを固めてもらえば OK です。

新入社員：分かりました。これまで貸借対照表の説明をしてもらいましたが、基礎の部分だけでも自分が思っていた以上にたくさんの論点があって驚きました。

先輩社員：そうなんですよ。決算書の世界って、とっても奥深いでしょ？
もちろん、複雑で難しいところもありますが、大枠を掴めば、理解するスピードも速くなっていきますし、それが面白いところだと思います。

ポイントの整理

- 自己資本比率は安全性・安定性を見極める指標であり、

$$\frac{純資産}{総資産} \times 100$$ で求められる。

- 純資産の部で重要な株主資本は、大きく資本金、資本剰余金、利益剰余金からなる。

- 債務超過の企業を分析する際は、どのような原因で債務超過となったのか、また、今後の会社の方針をつかむなどして、より慎重な目線で判断していく必要がある。

- 純資産の部は、大きく『株主資本』『新株予約権』『評価・換算差額等』からなる。

第3節

損益計算書の主要項目とチェックポイント

1　原価と販売費及び一般管理費

①原価の範囲と原価明細のポイント

先輩社員：損益計算書の全体像は既に説明しましたので、ここからは各項目を少しずつ掘り下げていきましょう。各コストや利益の順番はもう頭に入りましたか？

新入社員：さすがにそこは大丈夫です。最後の税引き前・後の当期純利益も忘れませんよ！

先輩社員：何度か損益計算書の各項目を書き出して復習していましたよね。では、補足に入りますが、まずは『原価』と『販売費及び一般管理費』の関係性についてです。以降、販売費及び一般管理費は『販管費』と略して話を進めますね。

新入社員：売上と直接結びつくコストが『原価』と聞きましたが、経費を原価と販管費のどちらに区分計上するかは、少しイメージしにくいです。

先輩社員：そうですね。経費切り分けの例として、賃金・給料を挙げてみましょう。工場で働いている方への給料は原価へ、役員や営業所などで事務をされている方への給料は販管費といった切り分けが一般的です。このように、ベースは業界慣習から

図表 1-12　損益計算書における原価の範囲

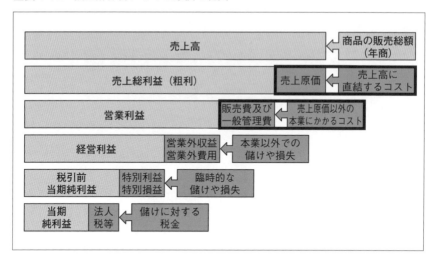

発展した原価計算基準などによって原価と販管費の切り分けがされますが、会社の裁量によって切り分けられます。

新入社員：原価項目をつくらない会社もあるんですよね？

先輩社員：例えばサービス業の場合で、明確に原価を特定できないケースなどは、販管費にまとめて計上されることもあります。そうした企業の場合は売上総利益は大きくなります。ですから、売上総利益率（$\frac{売上総利益}{売上高} \times 100$）の良し悪しだけ見て、その会社を判断してはいけませんよ。

新入社員：確か、売上総利益率が大きく動いていて、原価を見てみると前期と中身が全然違うこともありました。これは、どういったケースで発生するんでしょうか？

先輩社員：その会社によって様々な事情が想定されますが、例えば、事業の一部を分社化するなどに伴って、原価の範囲が大きく変わるということもあるでしょう。逆に吸収合併が発生することもありますので、そのような大きな動きが確認できたら、

　　　　原価明細に限らず、貸借対照表についてもどのような変化が
　　　　生じたか、しっかり確認する必要はあるでしょう。

新入社員：決算書の数字だけではなく、その原因として裏付けとなる背
　　　　景を探るべきですよね。

先輩社員：そのとおり、定性情報の収集も重要です。話を原価に戻しま
　　　　すが、製造業や建設業においては、特に原価明細は注目すべ
　　　　き帳票であることには違いありません。その会社のビジネス
　　　　モデルが表れることも多く、強みや弱みの把握につながるこ
　　　　ともありますからね。

新入社員：具体的にはどのように判断すれば良いんでしょうか？

先輩社員：例えば、売上は大きくても粗利が少ない会社は、自社での生
　　　　産能力を超えた受注をして外注費支出で利益を減らしている
　　　　のかもしれません。また、売上が下がっているのに期末の材
　　　　料や製品の棚卸が増えている場合は、ヒット商品の見込みが
　　　　外れてしまったのかもしれませんよ。

②販管費のチェックポイント

新入社員：なるほど…。では、販管費明細を見る上で注意すべきポイン
　　　　トはありますか？

先輩社員：いろんな視点がありますが、例えば、しっかりと役員報酬が
　　　　計上されているか、賞与を支給して従業員に還元する余裕が
　　　　あるのか、といったところは注意して見るようにしています。
　　　　中小企業だと、利益がわずかである会社も少なくないですが、
　　　　実態を見極めるヒントを拾うことができます。販管費にも、
　　　　ビジネスモデルが現れることがありますよ。

新入社員：交際費が多いと、社交的な社長なのかな、とイメージするこ
　　　　ともあります…。

先輩社員：おもしろい視点ですね。他には、小売業で消費者に商品をしっ

かり覚えてもらう必要がある会社では、広告宣伝費が多額に計上されているなど、特に多く計上されている科目の理由をつかめると、その会社の理解につながります。

2 営業外損益

① 「営業外収益」は本業以外の収益

先輩社員：続いて、『営業外損益』についてです。

新入社員：損益計算書の『営業利益』の下、『経常利益』の上にあたる項目ですね。『営業外損益』ということは、ここには収益も計上されるんですね？

先輩社員：そうです。では、その『営業外収益』ですが、本業とは別に計上される収益について、具体的にどのようなイメージが浮かびますか？

新入社員：本業は製造業だけど、儲かったお金の一部を株式投資に回し、それで儲けたら『営業外収益』になりそうですね。

先輩社員：『営業外収益』の一例として、正解ですね。株価の値上がりによる『有価証券評価益』、実際に売却して確定した利益としての『有価証券売却益』のほか、『受取配当金』も関連す

図表 1-13　営業外損益の考え方

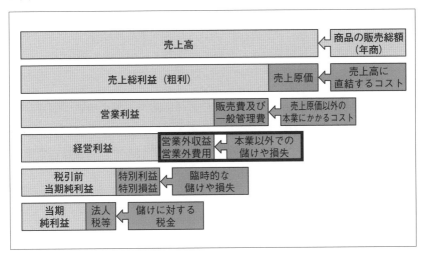

　る営業外収益となります。他には、会社の敷地の一部を駐車
　場として貸し出すことによる『不動産賃貸料』や、少額です
　が預金の『受取利息』なども営業外収益となります。
新入社員：本業が不動産賃貸業であれば、『不動産賃貸料』は売上にな
　　　　　りますよね？
先輩社員：そのとおりです。ビジネスモデルによって、営業外収益の中
　　　　　身が変わってくる、ということにも気づきましたね。
新入社員：本業かどうかの判断は、その会社が任意に定めてよいものな
　　　　　んですか？
先輩社員：定款に記載している会社の目的が本業となるのが一般的です
　　　　　が、従業が大きくなってきたら、売上高に組み入れるような
　　　　　ケースもあります。金額の大きな営業外収益が毎期計上され
　　　　　ているような決算書を見かけたら、その要因をしっかり把握
　　　　　したいですね。詳しくは次項で説明しますが、臨時・巨額の
　　　　　ものは『特別損益』項目に計上されるルールとなっています。

新入社員：そのお話を聞くと、やはり損益計算書も1期だけ確認するのではなく、過去期から続けて確認する大切さが分かってきました。

②支払利息は営業外費用

先輩社員：そうですね。ビジネスモデルの変容や、その会社が置かれている状況も毎期変わってきます。できれば決算書以外の情報も把握して、裏付けを取りたいですね。では、次は『営業外費用』ですが、こちらはどうでしょうか？

新入社員：先ほどと同じように株式投資をしたけれど、失敗して損失が出てしまったら『営業外費用』ですよね。

先輩社員：基本的にはそのイメージで良いでしょう。値下がりは『有価証券評価損』、損切りして売ったら『有価証券売却損』ということですね。他によく計上される営業外費用としては、借入金に対する『支払利息』も代表科目の1つと言えますよ。

新入社員：あまりにも『支払利息』が多すぎると、借入金が多いのではないか、とか、高い利率の融資が多いのか、といったことにも気が付けそうですね。

③決算書が読めるようになると定性情報の重要性に気づく

先輩社員：なかなか良い着眼点です。他にも、営業利益よりも経常利益のほうが大きかったら、たまたま本業以外の利益で儲かった期だったのかもしれない、といった考察もできます。

新入社員：できれば本業の利益である営業利益が大きいほうが好ましいですよね。このようなケースも、前期はどうだったのかが気になりますね。

先輩社員：そうですね。ただ、営業外損益の科目でも『雑収入』や『雑損失』という科目で、その中身が明確に分からないこともあ

りますので注意しましょう。繰り返しになりますが、決算書
だけでは分からない定性情報の重要性も、決算書が読めるよ
うになればなるほど痛感するでしょう。

新入社員：なかなか険しい道のりのように感じますが、経験を積んで慣
れていきます！

ポイントの整理

・売上高とはならない本業以外で得た経常的な収入は営業外収益と
なる。
・原価や販管費とならない主たる営業活動以外の活動で経常的に発
生する費用は営業外費用となる。

3　特別損益

①臨時・巨額がポイント

先輩社員：さて、損益計算書の論点もラストになります。本項では『特
別損益』についてお話ししましょう。一言で言ってしまうと、
臨時で巨額の利益、または損失ということです。

新入社員：イメージ的には会社の拠点が、火事や災害に見舞われて出た
損失が思い浮かびます。

先輩社員：火災損失や災害損失というものですね。例えば、機械が全損
してしまったら、その時の簿価が損失額として計上されます。
ただ、保険をかけていれば、一方で保険金関連の特別利益が
計上されることもあります。

新入社員：なるほど、いざという時の保険ですね。ちなみに、毎期の掛
け金は原価や販売費及び一般管理費になるのでしょうか？

図表 1-14　特別損益の考え方

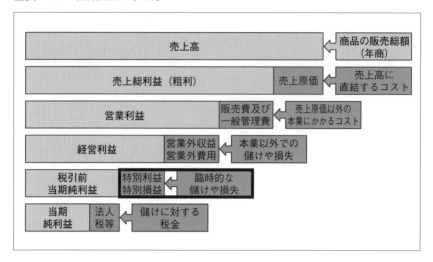

先輩社員：そうですね。ただ、保険の掛け金については、細かい話をすると、一部は保険積立金という資産に計上されることもあります。やや上級レベルの話題になりますので、ここではやめておきましょう。特別損益項目に話を戻しますが、災害といったケース以外でも、例えば固定資産の除却や売却を行うと計上されることがあります。

新入社員：固定資産売却損益や、除却損は確かに目にしたことがあります。簿価よりも高く売れると特別利益に計上されるのですね。

先輩社員：あくまで、臨時・巨額がポイントです。金額が小さければ営業外収益に計上されることもあります。

②特別損益の形状は企業に大きな変化があった証

新入社員：そういった使い分けがされるのですね。火災や保険はその会社固有の出来事ですが、時事的な要因で発生する特別損益科目とかって、あるんでしょうか？

先輩社員：2020 年から猛威を振るった新型コロナウイルスは記憶に新しいところですが、この影響で休業していた時の費用や損失を特別損失として計上するケースもみられました。このようなケースは、単純に金額的な影響額にとどまらず、現在の状況把握などに意識を向けてほしいですね。

新入社員：確かに、コロナ禍において業種によっては大きく悪影響を受けてしまったということも耳にしました。単純に売上の減少だけではなく、特別損失も含めて俯瞰しなければいけないんですね。

先輩社員：特別損益は、何らかの大きな変化がその会社に起こっている証左でもあります。その期の発生要因の見極めも重要ですが、今後の影響なども注意しておいたほうが良いでしょう。

③減損損失は要注意

新入社員：他に、覚えておくとよい特別損益項目はありますか？

先輩社員：そうですね…。では『減損損失』という言葉を聞いたことがありますか？

新入社員：新聞でワードを見たことがあります。『減価償却』とは違い、金額が大きい印象ですが、特別損失項目なんですね？

先輩社員：臨時・巨額になることが多いので、特別損失に計上される科目の1つです。平たく言うと、将来の収益性の低下を反映したものですので、評価減といえるでしょう。

新入社員：何に対する評価減なんでしょうか？

先輩社員：例えば、他国に進出した工場で作っている商品が不調となると、その『資産グループ』が評価減の対象となります。少々レベルの高い話になりますが、プロセスとしては対象の資産グループを特定し、将来キャッシュフローを見積もって、正しい価値を見極める、というイメージでしょうか。端的に、

投資の回収が見込めなくなった部分を損失として把握することになります。

新入社員：将来の、ということは損失を計上したタイミングで、お金が出て行っているわけではないのでしょうか？

先輩社員：鋭いですね。そのとおりです。損益計算書と、実際のお金の流れが一致しているわけではありませんから、減損損失のように金額のインパクトが大きいケースは気を付けたほうが良いでしょうね。

ポイントの整理

・臨時で巨額となる利益または損失が特別損益科目となる。

・特別損益が計上されたケースでは、発生要因の把握に加え、今後、企業へどのような影響を及ぼしていくかに注意を払うのが肝要である。

第4節

財務分析の基礎

1　財務分析とは

①「財務分析」は基礎固めしてから行うべき

先輩社員：これまで、貸借対照表と損益計算書を見てきました。細かいことを言えば、まだまだ論点はたくさんありますが、基本的なところは紹介したつもりです。全体的なイメージがつかめたでしょうか？

新入社員：はい。知らなかったことも知識として増えた実感があり、ポイントを復習できました。また、貸借対照表と損益計算書のつながりのようなものも、見えてきた気がします。

先輩社員：これからは財務分析について話していこうと思いますが、まずは導入です。決算書を読み解く力をつけたいと思ったときに、先に財務分析から入ろうとする人もいますが、より決算書に対する苦手意識を高めてしまうこともあります。地図も持たずに知らない所を歩き回るようなものです。

新入社員：確かにそうかもしれません。私も当初は『自己資本比率が高ければ良い』とか何となく知っていましたが、基礎固めをしてなかったら、その理由を説明できないと思います。

先輩社員：そうですね。財務分析というのは、結局のところ何かと何か

を比較して算出した結果です。例えば、利益率だったら、売上と利益の比較ですよね。また、知りたい企業の1期の決算書だけで評価するのは決算書や財務に長年関わっている人でも容易ではありません。

②分析には過去推移と業界平均値が必要

新入社員：しっかりと見極めるためには、有用なモノサシが必要ですよね。ライバル企業の決算書もあったほうがよさそうです。

先輩社員：その企業の過去からの推移の把握、そして、ライバル企業を含む業界平均値といったものがあるとよいでしょう。もちろん、2企業間の比較だけでも、差が出てきますよね。その理由を紐解いていくと、2企業間の強みや弱みが見えてきます。

新入社員：でも、どこから手を付けてよいか分からない、という印象が強いです…。

先輩社員：初心者のうちは、決算書を見てたじろいてしまいますよね。ですので、まず意識すべきは、自分はその企業の何を知りたいのか、ということです。

③財務分析の目的によって着目すべきポイントが変わる

新入社員：確かに、目的によって着目すべきポイントが変わってきますよね。

先輩社員：きちんとお金を払ってくれるのか、という審査の目線。この企業は成長しそうなのか、という投資の目線。はたまた、売りたい商品やサービスに対するニーズがあるのか、という営業の目線などなどです。

新入社員：営業の目線で、決算書を見るのは難しそうですね。数字だけでは判断できない情報もありそうです。

先輩社員：もちろん、定性情報を組み合わせて判断することが重要なの

は言うまでもありません。ただ、『巨額の土地を持っている』といったことや、『手厚い保険をかけているようだ』といったことがヒントにつながることもありますよ。ですが、少々レベルが高くなってきますので、与信管理の目線でも財務分析を紹介していきますね。

新入社員：確かに、その会社が倒産してしまっては元も子もありませんよね。

ポイントの整理

・企業の財務分析においては、分析対象企業の過去からの推移の把握や、業界平均値など適切なモノサシを準備することが肝要である。
・財務分析の目的によって着目すべきポイントが変わる。

2　貸借対照表の分析

①自己資本比率が重要

先輩社員：さて、財務分析の中身について説明していきますが、順を追って、まずは貸借対照表項目を使った分析比率について説明していきます。ただ、これまで紹介した内容の復習も多くなります。

新入社員：まず教えられたのは『自己資本比率』でした。やはり、この分析項目は外せない指標なんでしょうか。

先輩社員：そうですね。総資産に占める自己資本の割合を示すもので、企業の健全性・安全性・安定性を見極める、基礎的な指標となります。

新入社員：自己資本比率は高ければ高いほどよい、という理解で良いのですよね？

先輩社員：基本的にはそうですが、総資産の小さい新設企業や即金仕入を余儀なくされる信用度の低い企業であっても、計算上は高くなる傾向にあります。企業実態に注意しながら、参考にしてほしいですね。

新入社員：確かにそのとおりですね。借入金がゼロの企業は、もしかしたら『借りられない』事情があるのかもしれない、というのを聞いたことがあります。ちなみに、念のため確認しますが、計算式は、$\dfrac{自己資本}{総資産} \times 100$ ですよね。

先輩社員：厳密に言うと、自己資本のうち『新株予約権』は分子から除外して計算します。『新株予約権』がどんなものか、知っていますか？

新入社員：純資産の部の講義の時の、純資産の部が、大きく『株主資本』『新株予約権』『評価・換算差額等』というように分かれている、という話は覚えています。

先輩社員：大丈夫そうですね。念のため、ごく簡単に説明すると『新株予約権』とは、これを行使することによって株式を取得することができる権利ということです。文字どおりですね。

新入社員：自己資本比率の計算上、除くのは純資産の部の正規メンバーではないからでしょうか？

先輩社員：面白い例えですが、イメージは間違っていません。いわば『新株予約権』は仮勘定的な立ち位置ですので、計算上は除外するということになります。ただ、この科目が多額に計上されることはどちらかというと稀ですので、そこまで神経質になることはないと思います。それよりも、架空資産の存在で自己資本比率が水増しされることもありますから、純資産ばかりに目を向けていてはいけませんよ。

新入社員：粉飾のことについても学んでいきたいですが…、まずは初歩

の分析指標を頭にインプットします。

②低いほどよい固定比率

先輩社員：他の貸借対照表科目から計算できる指標も紹介しますが、『流動比率』と『当座比率』は既に紹介したので割愛します（30～31頁参照）。

新入社員：短期的な債務支払能力を見極める指標ですね。大丈夫です。

先輩社員：では、『固定比率』を紹介しておきましょう。これは、

$$\frac{固定資産}{自己資本} \times 100$$ で求める比率ですが、何が分かると思いますか？

新入社員：返さなくてよい自己資本でどれだけ設備投資できているか、つまり、その会社の安定性を見る指標と思われます。

先輩社員：大正解！　先に貸借対照表の構造を覚えておくと、すぐ分かりますよね。ちなみに固定比率が100％を超えると、固定資産の投資の一部を他人資本に依存していることになります。低いほど良い、と言えるでしょう。

新入社員：イメージが頭に浮かんでパズルがピタっとはまる様な感覚です！　ちなみに、その計算で用いる自己資本ですが、先の説明にもあったように『新株予約権』を除いたほうが、より正確ということですよね？

先輩社員：早速学んだことを活かせているじゃないですか。補足しようと思いましたが、先回りされちゃいましたね。その他にも分析指標はありますが、まずは今回紹介したものをしっかり覚えておいてください。

・自己資本比率の計算は、$\dfrac{\text{自己資本}}{\text{総資産}} \times 100$ により求める。その際、自己資本として純資産合計から新株予約権を除いた金額を用いるとより適切に計算できる。

・固定比率とは、設備投資を返済期限のない自己資本でどの程度賄われているかを示す指標である。

3　損益計算書の分析

①各種の利益率は業界平均値や過去からの推移を参考に判断

先輩社員：次に損益計算書項目を説明しますが、こちらはイメージが簡単だと思います。

新入社員：主に、利益率の指標でしょうか？

先輩社員：そうです。売上高と売上総利益、営業利益、経常利益、当期純利益といった具合に、各段階の利益率の求め方や考え方は難しいものではありません。

新入社員：計算自体は難しくないんですけど、その良し悪しの判断が難しいイメージです。

先輩社員：確かに、経常利益率10％が良いのか、悪いのか、その結果だけでは判断できません。やはり、業界平均値や過去からの推移を参考に判断していく必要があります。また、売上総利益率はビジネスモデルによる影響を受けやすいので、注意が必要です。

新入社員：粗利率とも呼ばれるところですね。確かに製造業では原価が大きく計上されるけど、サービス業では原価がゼロ、つまり

　　　　　　　粗利率が100%となるケースもあるんでしたよね。

先輩社員：そうです。また、分析しようと思っている企業が、単に製造
　　　　　だけをしているとは限りません。例えば、兼業で商品の一部
　　　　　は卸売をしていて、その部門の利益率が製造部門よりも低い
　　　　　と、どうなるでしょう？

新入社員：製造部門だけではなく卸部門も含めた利益率になるので、同
　　　　　業他社比較では粗利率が悪くなってしまいそうです。でも、
　　　　　もしかしたら製造部門の利益率だけ見ると、優秀というケー
　　　　　スも考えられますから、単純に結果だけ見て判断するのは良
　　　　　くないですね。

先輩社員：そういうことです。ですので、細かく分析をしたければ『セグ
　　　　　メント別』つまり部門別の損益状況を把握したいところで
　　　　　すが、このような情報はあまりオープンにはされません。管
　　　　　理会計という、内部の評価や戦略構築に使われる分析手法と
　　　　　なります。

②他の分析結果との整合性確認も分析のポイント

新入社員：目的によって、用いる指標や分析手法が変わってくるという
　　　　　話でしたよね。損益計算書項目のみでは、与信判断のシーン
　　　　　には不向きなのでしょうか？

先輩社員：いえいえ、決してそんなことはありませんよ。単純に、赤字
　　　　　続きの会社であれば不安になるものでしょう？ また、他の
　　　　　分析結果と矛盾しているような場合は危険シグナルかもしれ
　　　　　ません。

新入社員：粉飾しているということでしょうか？ どんなケースです
　　　　　か？

先輩社員：売上や利益率は大きく変動していないのに、在庫や売掛金が
　　　　　どんどん増えていたらどうでしょう？

新入社員：なんだか、チグハグで指標の結果が噛み合っていないような気がします。

先輩社員：そうですよね。このあたりは、今後詳しく説明していきます。粉飾ではなくとも、例えば、売上の規模と営業利益率以下は変わっていないのに、粗利が大きく減っていたらどうでしょうか？

新入社員：つまり、原価が増えたということですよね。原材料価格が高騰して、売上に転嫁できていないケースなどでは、売上は変わらないのに粗利が下がっちゃいますよね。でも…なんで営業利益は良いままなのでしょう…。あまり考えたくないですが、従業員の賞与をカットしたり、そんな販管費のコストカットが思い浮かびました。

先輩社員：いいですね。そのような仮説を立てていくことが大切です。次に確認すべきは、販管費の中身が気になりますよね。販管費の削減によって、なんとか営業利益率以下をキープしたというシナリオも考えられますし、単に販管費の科目を見直して原価に組み込んだということもありえます。

新入社員：そんなこともあるんですね！　確かに分析指標の結果だけでは、判断できないことも多いですね。定性情報の収集も大切だということが、だんだん実感として持てるようになりました。

先輩社員：定性情報と定量情報の組み合わせ、それによって生じた小さな矛盾などを見つけられるようになると、いよいよ決算書を読めるという力が付いてきます。

ポイントの整理

・利益率の分析、特に売上総利益率においては、分析対象企業のビジネスモデルによる影響（兼業や事業構成等）を考慮する必要が

ある。
・利益率等の指標が他の分析結果と矛盾しているかどうかも分析の
ポイント。

4　運転資金分析

①回転期間の比較で資金繰り分析ができる

先輩社員：これまで貸借対照表と損益計算書のそれぞれの帳票内で可能
な分析指標や考え方を紹介してきました。ここからは、両方
の科目を用いた分析を紹介していきますが、実は一部は紹介
済みです。『回転期間』という言葉を覚えていますか？

新入社員：はい。貸借対照表の流動資産の説明で、売上債権回転期間、
また棚卸資産回転期間を教えてもらいました（31・34頁参
照）。月商に対して売上債権や棚卸資産がどの程度あるかを
把握する考え方ですよね。

先輩社員：そのとおりです。復習になるところがありますが、この考え
方は非常に重要なので、もう一度確認しておきましょう。そ
の2つの回転期間は、どのように見れば良いか分かります
か？

新入社員：業界平均や過去からの推移を見ていけば良いと思いますが、
基本はどちらも短いほうが良いんでしたよね？

先輩社員：そうですね。売上債権は入金待ちの資産ですし、棚卸資産も
できれば早く売ってしまったほうが良いでしょう。売上の規
模が変わらないのに、どんどん売掛金や在庫が増えていって
いたら、不良債権や不良在庫、それに、架空計上といった粉
飾の可能性も考えられます。

新入社員：在庫を多く抱えていると管理のためにリソースを割かなけれ

ばいけませんし、価値が低下するリスクもありますよね。

先輩社員：ただし、反対に棚卸資産が過剰に少ない時は商品在庫を確保できていないケースも想定されます。背景となる事情とともに把握しておきたいところです。

新入社員：それは考えが及びませんでした。確かに、原材料高騰で取り合いになっていて確保できないことも起こるかもしれませんよね。数字の結果だけでの決めつけは良くない、というのは忘れないようにします！

先輩社員：そのとおりです。また、月商比の考え方は、負債にも使えます。例えば仕入れをしたが、未払の債務に対しては、仕入債務回転期間という指標があります。

新入社員：それも、短いほうが良い指標ですか？ いつかは払わなければならないお金だから、当然ですね。

先輩社員：確かにそうですが、支払いを伸ばすと手元にお金をキープできます。先ほど登場した、売上債権回転期間、棚卸資産回転期間と比較することで、営業サイクル内での回収と支払のバランスを把握し、おおまかな資金繰り分析ができます。この考え方を『運転資金分析』と呼びます。

②必要運転資金が分かる

新入社員：分析結果をさらに組み合わせて求めるんですね。少し難しそうです…。

先輩社員：今日は、この言葉とその意味をざっくりとで良いので、ぜひ覚えてください。『売上債権回転期間＋棚卸資産回転期間－仕入債務回転期間』を計算して、『必要運転資金』を求めることができます。これが何を意味するかイメージできますか？

新入社員：うまく言葉にするのが難しいのですが…この金額が大きすぎ

ると、結局は売掛金や棚卸資産が大きくて資金繰りに不利な気がします。

先輩社員：そこまで分かれば、ひとまず OK です。言わば、売上債権と棚卸資産は入金待ち、仕入債務は支払待ちですので、差額は当社が立て替えているお金の規模と見立てることができます。なお、貸借対照表の科目である売上債権や棚卸資産、仕入債務は、あくまでも期末日の一時点における金額である点は注意しましょう。期末にたまたま多く仕入れたなど何らかの突発的な要因で各回転期間や必要運転資金算出結果が大きくなっていないか、年々増えている、つまり資金繰り構造が不利になっていないか、というように見ることが肝要です。

③必要運転資金の「バランス」

先輩社員：もう少し掘り下げて説明しましょう。必要運転資金分析において、売上債権回転期間と棚卸資産回転期間を合算したものを『受取サイクル』、仕入債務回転期間を『支払サイクル』と呼びます。損益計算書で利益が出ていたとしても、受取サイクルのほうが支払サイクルより非常に長く、資金繰りがショートしてしまっては、支払いを受けられなくなってしまうかもしれませんからね。

新入社員：確かに、そのような状況は避けたいですよね。必要運転資金の規模が大きすぎると、結局、立て替えているお金が大きくて、資金繰りは不利な構造にあるということでしたよね。

先輩社員：正解です。その理解のためには、必要運転資金が大きくなってしまうシナリオを考えてみるとよいでしょう。不良在庫を大量に抱えていたり、売掛金の回収が遅ければ、短期の支払いができるか不安になりませんか？

新入社員：そうですね。少しずつ分かってきた気がします。でも…受取

図表 1-15　必要運転資金の考え方

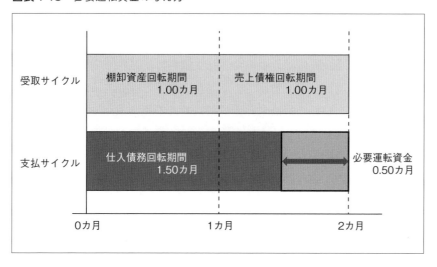

サイクルと支払サイクルを差額で求めているわけですから、
仕入債務回転期間は大きいほうが良い、ということになって
しまいませんか？ 支払いが遅い会社と思われてしまいそう
です。この考え方は変でしょうか？

先輩社員：いえいえ、しっかりと理解していますよ。仕入債務回転期間
は、商品や材料の仕入れに対する未払いのお金ということに
なります。確かに、期間が短いほど資金の活用効率が良い、
または流動性が高いことを表しますし、得意先から見ればす
ぐ支払ってくれるほうがよいでしょう。ですが、支払いを延
ばせば手元に資金が残ります。二面性がありますので、受取
サイクルとのバランスを見る上で、やはり必要運転資金の考
え方が出てくるわけです。

④余剰運転資金

新入社員：ほとんど在庫がなくて、売掛金もすぐ回収している、つまり

図表 1-16　余剰運転資金の考え方

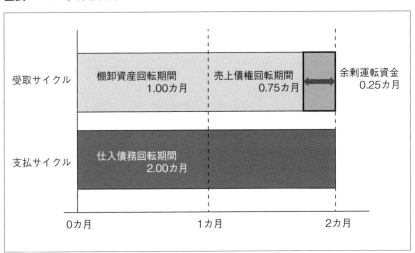

受取サイクルは小さいのに、支払いが遅い、支払サイクルが大きい会社は…。なるほど！　確かに手元にお金が残る構造になりますね。この場合は、必要運転資金がマイナスになってしまうと思います。

先輩社員：そうです。受取サイクルから支払サイクルを差し引いて、マイナスになった場合、それは『余剰運転資金』と呼ばれ、資金繰りの構造は余裕があると解釈できます。

新入社員：想定されるケースを思い浮かべてみると、なんだかケチだな、って思ってしまいました…。

先輩社員：気持ちは少し分かりますが、業態によっては余剰運転資金が算出されるのが当たり前のケースもありますよ。棚卸資産や売掛金が少ない、一方で仕入れはある程度まとまっている商売はなんでしょうか？

新入社員：飲食店とかが該当しますかね。業界環境が厳しい時期もありましたし、今度は応援したい気持ちになりました。

⑤運転資金分析は「奥深い」

先輩社員：分析の鉄則ですが、結果だけを見て杓子定規に判断するのではなく、そのビジネスモデルを念頭に置きながら吟味してみてください。意外と、この運転資金分析が深いことが分かると思います。

新入社員：そうなんですね。確かに、余剰運転資金が出ていても、売上が減ってしまうとこれまでキープできていた現預金がなくなってしまって、他の支払いが難しくなることもありますよね。いろんなケースを想定しながら考えようと思います。

先輩社員：ぜひ、この運転資金分析については、覚えておいてください。基本を理解しておけば、どのような分析方法が適切か、見極められるようになります。今回の回転期間はいずれも売上の月商比を前提に話しましたが、棚卸資産や仕入債務に対しては売上原価比を用いてもう少し厳密に検証するといった考え方も存在します。さらに、売上債権や仕入債務の範囲、前受金・前渡金をどこまで考慮するか、などもポイントです。

新入社員：かなり深い論点だという事は分かりました…。初心者のうちは、基本的な考え方をしっかり頭にインプットしたいと思います！

ポイントの整理

・運転資金分析は、売上債権回転期間＋棚卸資産回転期間－仕入債務回転期間によって求めることができる。

・計算結果が正の値であれば必要運転資金となり、規模が大きすぎると資金繰り構造が不利であることが判断できる。

・計算結果が負の値であれば余剰運転資金となり、有利な資金繰り構造と判断することができる。

5　1人当たり分析指標

先輩社員：財務分析については、貸借対照表、損益計算書の分析に加え、運転資金分析を紹介してきました。決算書が手元に来た時、適切な判断ができそうでしょうか？

新入社員：分析手法を知識として知っていても、実際に決算書分析をしてみると、判断が正しいのか迷うことも増えました…。

先輩社員：確かに、決算書に強くなるためには、たくさんの企業分析を行って経験値を蓄積していかないといけませんね。

新入社員：ですが『自己資本比率が低いのであれば、利益もきちんと出ていないのでは？』と考えたり、さらに『運転資金分析』で資金繰り構造を確認してみたりと、1つの結果から次に確認すべき指標が頭の中でつながることもありました。

先輩社員：いい傾向ですよ。分析結果の1つだけを見て判断せずに、少しずつ自分の中で分析企業の仮説が立てられてきたようですね。今回は、他の視点での分析方法を紹介しましょう。

新入社員：できれば、分かりやすいシンプルな考え方だとよいのですが…。

先輩社員：ご安心ください。今回紹介するのは従業員『1人当たり』の分析方法です。考え方はシンプルで、売上高や利益などを従業員数で割って、従業員1人当たりでどの程度の売上や利益を生み出しているか測定します。

新入社員：1人当たり売上高や、1人当たり利益は目標値として社内でも活用されそうですね。

先輩社員：そうですね。KPIとして、従業員1人ひとりが経営に参画している意識付けに用いられたり、また規模の異なる企業間で比較を行う場合、『率』換算に加えて『1人当たり』換算

を用いることでイメージしやすくなることがあります。

新入社員：給料や賞与を１人当たり換算すると、なかなか面白そうな結果が出そうです。ただ、従業員といっても、正社員の他にも派遣の方や、パート・アルバイトも混在しちゃいますよね。

先輩社員：そのため、可能であれば、従業員の構成などをおおむね把握した上で用いるとよいでしょう。また、粉飾のシグナルに気づくためには、いろいろな観点がありますが、１人当たり売上高から読み取れるケースもあります。

新入社員：売上増、利益増で資金繰り構造も問題なさそうなら、私だったらスルーしてしまいそうですが、どのようなケースでしょうか？

先輩社員：まさに、大きく売上が増加しているケースこそ気を付けたいですね。従業員数が変わっていないのに、１人当たり売上高がどんどん増えている場合、生産性を向上させるための投資や、大きな改革が行われているはずですよね。

新入社員：売上の水増しですね。売掛金や棚卸資産の増加ケースとともに、１人当たり売上高といった観点も覚えておきます！

ポイントの整理

・１人当たりの分析手法を用いる場合は、分母となる従業員数の把握・定義が重要となる。

・１人当たり売上高が大きく増加している場合、生産性向上のための投資等がされているか等、その根拠たる定性情報の把握が望ましい。

第5節

その他の決算書

1　キャッシュフロー計算書

①お金の動きを追うための決算書

先輩社員：さて、これまで貸借対照表と損益計算書、また財務分析の手
　　　　　法についても話してきました。ここからは、別の財務諸表に
　　　　　ついても学んでいきましょう。そのなかでも、与信管理の観
　　　　　点からは特に重視したい『キャッシュフロー計算書』を取り
　　　　　上げていきます。

新入社員：損益計算書だけでは、お金の動きが追えないため、キャッシュ
　　　　　フロー計算書が必要なんですよね。

先輩社員：そうです。黒字倒産という言葉を耳にしたことがあると思い
　　　　　ますが、損益計算書上は利益が出ているのに、キャッシュが
　　　　　足らなくなって債務の返済ができなくなってしまうケースで
　　　　　す。なぜ、このようなことが起こるかイメージできますか？

新入社員：売上は計上したけど、お金になっていない…売掛金が増えて
　　　　　いくパターンが思い浮かびます。その売上自体が、架空の場
　　　　　合も想定されますよね。

先輩社員：いいでしょう。そのようなケースにおいて、キャッシュフロー
　　　　　計算書を見ると、実際にはお金になっていないということが

図表 1-17　キャッシュフロー計算書

区　　分	金　　額
営業活動によるキャッシュフロー	
税引前当期純利益	＋　×××
減価償却費	＋　×××
売上債権の増減（－は増加）	－　×××
棚卸資産の増減（－は増加）	－　×××
仕入債務の増減（－は減少）	＋　×××
営業活動によるキャッシュフロー	×××
投資活動によるキャッシュフロー	
有形固定資産の購入	－　×××
有形固定資産の売却	＋　×××
投資有価証券の購入	－　×××
投資有価証券の売却	＋　×××
投資活動によるキャッシュフロー	×××
財務活動によるキャッシュフロー	
借入金の増減	＋　×××
資本金の増減	＋　×××
財務活動によるキャッシュフロー	×××

　　　　　確認できます。損益計算書の計算期間と同じように、期首か
　　　　ら期末までを集計期間としてキャッシュフロー計算書は作成
　　　　されます。

新入社員：貸借対照表は期末時点の財政状態を表すものですから、確か
　　　　に貸借対照表や損益計算書では抜け落ちてしまう重要な情報
　　　　をキャッシュフロー計算書が補っているんですね。

②中小企業は任意作成

先輩社員：では、実際にキャッシュフロー計算書を見たことはありますか？

新入社員：上場企業の有価証券報告書で少し見たことはあります。ただ、中小企業のものはあまり見た記憶がないですね。

先輩社員：キャッシュフロー計算書自体、新しい考え方の帳票です。2000年3月以降に上場企業では作成が義務化されましたが、中小企業は任意ですからね。

新入社員：与信管理がより重要な中小企業こそ、キャッシュフロー計算書を確認したいですよね。

先輩社員：資金繰り表という形で、年間の資金計画を立てるために内部的に作られることはよくありますが、外部提供のために作られることは珍しいと思います。調査会社の資料で、推定で作成されたキャッシュフロー計算書を入手するのも一案です。

新入社員：推定で作るには相当なノウハウがいりそうですね。

先輩社員：自分で計算するのは至難の業だと思います…。ただ、キャッシュフロー計算書の"作られ方"についても後ほどお話ししますので、おおまかなイメージはつかめるかもしれません。まずは、キャッシュフロー計算書は、お金の動きを色分けして示している、ということを覚えておいてください。

新入社員：どこからお金が入ってきたか、また、お金の使われ方によってカテゴライズしているんですよね？

先輩社員：大別すると、営業キャッシュフロー、投資キャッシュフロー、財務キャッシュフローの3つに分かれます（図表1-17参照）。損益計算書の段階利益のような専門的な名称じゃないですし、キャッシュインはプラス、キャッシュアウトはマイナスで示されるので、確かに飲み込みやすいかもしれません。
各カテゴリーを順番に確認していきましょう。まずは"営業

キャッシュフロー"です。

③営業キャッシュフロー

新入社員：その名のとおり、主に商品の売上や仕入といったキャッシュ
の出入りに関連するカテゴリーですね？ 重要項目だというのは分かりますが、この項目がマイナスということは、本業でキャッシュを獲得できていない、ということで警戒したほうが良いのでしょうか？

先輩社員：確かにそうですが、期末のタイミングで"決算キャンペーン"など、売上が先行して計上されるなど特別の事情が絡んで、たまたまマイナスとなったケースもあります。もちろん、損益面も赤字となっておりキャッシュ獲得に苦慮しているケースもあると思いますが、単独期だけではなく、数期連続でキャッシュの傾向をチェックしたいところです。

新入社員：なるほど！ やはりキャッシュフロー計算書も、貸借対照表や損益計算書と同じように、連続期を追って状況を読み取ることが大切なんですね。

先輩社員：経年比較は鉄則ですので、忘れないでください。
さて、次に"投資キャッシュフロー"ですが、これもイメージできるでしょうか？

④投資キャッシュフロー

新入社員：投資ということは、例えば設備投資で不動産を買ったときとか、余剰資金で株といった有価証券を取得したケースが思い浮かびます。

先輩社員：正解です。もちろん購入だけではなく、固定資産の売却のケースはキャッシュインとなります。このカテゴリー全体でプラスとマイナスはどっちが良いと思いますか？

図表1-18　キャッシュフロー計算書の概要

	営業 CF	投資 CF	財務 CF
＋（プラス）	営業CF ↑　本業が好調	投資CF ↑　守りの経営	財務CF ↑　導入・成長期
－（マイナス）	営業CF ↓　本業が不調	投資CF ↓　攻めの経営	財務CF ↓　成熟・衰退期

新入社員：難しいですね。これも経年比較や他の帳票を見て、個別判断する必要がありそうです。

先輩社員：その企業が成長過程にある場合、マイナスであれば投資が進んでいるとみることができます。一方で、プラスのケースは、借入金の返済に迫られていて、資産を切り売りしているというケースもあるかもしれませんよ？

⑤財務キャッシュフロー

新入社員：その場合は"財務キャッシュフロー"と合わせてチェックですね？ このカテゴリーは、借入金の増減ですよね？

先輩社員：なかなか良い着眼点です。借入金以外に、新しく株を発行して出資を受けたときも、この"財務キャッシュフロー"に計

上されます。基本的には、借入金の返済が進んでいるマイナスが良いですが、プラスで特に借入が増えている時は、その目的や金額規模も確認しておくべきでしょう。どんな分析指標を参照しますか？

新入社員：私なら、借入金が売上高に対してどの程度あるかもあわせてチェックしますね。借入金のボリュームは、現預金残と並んで重要項目だとインプットしています！

先輩社員：それなら、有利子負債月商倍率をチェックするとよいでしょう。

⑥フリーキャッシュフロー

先輩社員：基本はしっかり身についたようですね。ぜひ、いろいろなパターンを見てほしいです。もう１点、重要なキーワードとして"フリーキャッシュフロー"を紹介しておきましょう。複数の定義がありますが、ここでは"営業キャッシュフロー"と"投資キャッシュフロー"を合算したもの、と覚えておいてください。

新入社員：主に借入金増減以外のキャッシュの動き、その合計ですよね。投資額が大きい時は、そのフリーキャッシュフローもマイナスになりそうですが、これも経年で見たとき連続でマイナスなら理由を探りたいですね。

先輩社員：そのとおりです。理想的なのは営業キャッシュフローで稼いだお金を、投資と借入金の返済として財務キャッシュフローに充てる構造ですが、投資額が大きいとそうもいきません。フリーキャッシュフローのマイナス要因が、そもそも営業キャッシュフローがマイナスになっていないか等も含めて、重要項目として見ておきたい項目です。

> **ポイントの整理**
>
> ・キャッシュフロー計算書の計算期間は、期首から期末の「期間」が対象となる。
> ・キャッシュフロー計算書の作成は、上場企業のみ義務があり、非上場企業には義務づけられていない。
> ・キャッシュフロー計算書の役割とは、お金の動きを「営業キャッシュフロー」「投資キャッシュフロー」「財務キャッシュフロー」に大別し、示すことである。
> ・キャッシュフロー計算書において、本業での商製品の売買等は「営業キャッシュフロー」、設備投資・株式投資は「投資キャッシュフロー」、借入金の増減・新株発行は「財務キャッシュフロー」と大きく3分類される。
> ・「営業キャッシュフロー」と「投資キャッシュフロー」を合算したものを「フリーキャッシュフロー」といい、特に連続期マイナスとなっている場合は、その要因把握とともに注視すべきである。

2　直接法と間接法（キャッシュフロー計算書）

①営業キャッシュフローの表示方法は2つある

先輩社員：さて、キャッシュフロー計算書の構造や、中身が『営業』『投資』『財務』活動に大別されていることをお話ししましたが、実際に読み解けそうでしょうか？

新入社員：それが、有価証券報告書のキャッシュフロー計算書を数社見てみたのですが、確かにカテゴリー別に分かれていること、キャッシュの期首・期末の増減などは分かったのですが、特に営業キャッシュフローがよく分からない印象でした。

先輩社員：具体的に、どのようなポイントがひっかかりましたか？

新入社員：『投資』や『財務』については、有価証券の売買や借入金の増減などで、おおむねイメージできたのですが、営業キャッシュフローの一番上が『税引前当期純利益』スタートで、ここから混乱してしまいました。なぜ、損益計算書科目がいきなり出てくるのでしょうか？

先輩社員：それは、上場企業のキャッシュフロー計算書の作られ方が、『間接法』によるものだからです。

新入社員：キャッシュフロー計算書の作られ方が複数ある、つまり、それによって表示が変わってくるのでしょうか？

先輩社員：そうなんです。営業キャッシュフロー部分は、『直接法』と『間接法』という2つの作成方法があります。簡単な図にまとめたので見てください（図表 1-19）。

新入社員：内訳は違いますが、営業活動によるキャッシュフローの金額自体はどちらでも同じになるのですね。

図表 1-19　キャッシュフロー計算書の作成方法

直接法		間接法	
商品販売による収入	×××	税引前当期純利益	×××
商品仕入による支出	×××	減価償却費	×××
人件費支出	×××	貸倒引当金の増減額	×××
その他の営業支出	×××	売上債権の増減額	×××
…		棚卸資産の増減額	×××
…		仕入債務の増減額	×××
…		…	
営業キャッシュフロー	500	営業キャッシュフロー	500

⟺一致

②間接法のほうが作成が容易

先輩社員：はい。営業キャッシュフローの小計以下、投資区分と財務区分もどちらの計算方法でも変わりません。

　　　　　さて、まず『直接法』ですが、こちらは例えば『商品販売による収入』や『商品仕入による支出』といったように、営業活動に係る動きを、各々直接加減算して作成・表示する手法です。

新入社員：『投資』や『財務』カテゴリーと同じような感じですね。そちらのほうが分かりやすそうですが、わざわざ間接法を用いるのにはどのような理由があるんでしょうか？

先輩社員：直接法の場合、各取引の収入・支出を改めて調べてまとめ直す手間が大きいため、実務上は間接法の作成のほうが簡単だと言われています。間接法は、損益計算書で計算した税引前当期純利益をスタートに据え、実際にはキャッシュアウトを伴わなかった損益計算書上の費用をプラスして戻すといったように、キャッシュに関連する項目を調整する形で加減算することで、営業キャッシュフローを導き出すことができます。損益科目も表示されていて、見慣れないと少々混乱するかもしれませんね。

新入社員：確かに先日見たキャッシュフロー計算書では減価償却費がプラスで表示されていて、なぜお金の出入りがない費用科目がプラスとして出てくるのか疑問に思いましたが、そういった理由があったのですね。

③「運転資金分析」科目との関連

先輩社員：初心者のうちは、細かく理解するのは難しいかもしれません。今日はポイントを絞って、特に営業キャッシュフローにおいては、売掛金などの営業債権と棚卸資産、また、買掛金など

　　　　　　　の営業債務の増減が重要だということを話しておきましょう。

新入社員：それらの科目、確か『運転資金分析』に登場した営業活動に紐づく重要科目ですよね？

先輩社員：そうです。例えば、売掛金がどんどん増えていく場合、どのような影響を企業に及ぼすでしょうか？

新入社員：売上債権回転期間の長期化で、効率性が悪化しますし、そうか、お金になっていないから営業キャッシュフロー上はマイナスになるんですね？

先輩社員：これまでの勉強が活きてきましたね。そのとおりです。キャッシュ以外の資産の増加、例えばこの売掛金は、売上が増加して損益計算書は増収かもしれませんが、回収できなければお金は増えませんからね。棚卸資産もしっかり売れなければお金は増えませんので、運転資金分析と合わせて営業債務の増減動向もチェックするとよいでしょう。

新入社員：損益計算書では分からなかったお金の増減、確かにキャッシュフロー計算書を見れば分かりそうです。

先輩社員：むしろ『直接法』のキャッシュフロー計算書を見る機会のほうが少ないと思いますので、より深く理解したい場合は『間接法』について調べてみるとよいでしょう。ぜひ、今後もいろいろな会社のパターンを見てみてください。

ポイントの整理

・キャッシュフロー計算書の作成方法には「直接法」と「間接法」があり、上場企業の有価証券報告書に公表される形式は「間接法」が一般的である。

・営業キャッシュフローにおいては、売掛金などの営業債権と棚卸資産、また、買掛金などの営業債務の増減が重要。

3　株主資本等変動計算書

①純資産の変動状況を表した帳票

先輩社員：これまで、貸借対照表、損益計算書に加えて、キャッシュフロー計算書を紹介してきました。財務諸表の本表として、もう1つ、株主資本等変動計算書を紹介しておこうと思います。

新入社員：なんだか漢字の羅列で難しそうなイメージですが、株主資本ということは純資産に関連する帳票ですね？

先輩社員：そうです。純資産はどのようなカテゴリーがあるか覚えていますか？

新入社員：確か、大きく『株主資本』のほかに『新株予約権』と『評価・換算差額等』があるんでしたよね？

先輩社員：正解です。『株主資本等変動計算書』は、名称に『株主資本』

図表 1-20　株主資本等変動計算書

	株主資本										評価・換算差額等		新株予約権	純資産合計
	資本金	資本剰余金			利益剰余金				自己株式	株主資本合計	その他有価証券評価差額金	評価・換算差額等合計		
		資本準備金	その他資本剰余金	資本剰余金合計	利益準備金	その他利益剰余金		利益剰余金合計						
						積立金	繰越利益剰余金							
当期首残高	×××	×××	×××	×××	×××	×××		×××						×××
当期変動額														
新株の発行	×××	×××		×××				×××						×××
剰余金の配当					×××		×××	×××						×××
剰余金の配当に伴う利益準備金の積み立て														
当期純利益					×××			×××						×××
自己株式の処分			×××	×××					×××	×××				
…………														
株主資本以外の項目の当期変動額（純額）														
当期変動額合計	×××	×××	×××	×××	×××	×××		×××	×××	×××	×××	×××		×××
当期末残高	×××	×××	×××	×××	×××	×××		×××	×××	×××				×××

とありますが、『等』とあるように『新株予約権』『評価・換算差額等』も記載されますので、いわば純資産の変動状況を表した帳票といったイメージを持ってもらえれば OK です。

新入社員：変動ということは、キャッシュフローのように決算期間の動きを示すものですね？

先輩社員：そうなります。貸借対照表はあくまでも、決算期末時点の財政状態を示すものです。純資産に動きがあった場合、前期の貸借対照表と見比べるだけでは、その変動理由がつかめないこともあります。

②純資産の変動理由をチェックする必要性

新入社員：利益か損失が出たときくらいしか、純資産が動くイメージがないのですが、変動理由を追う必要性があるのでしょうか？

先輩社員：確かに中小企業の決算書においては、あまり純資産は動かないもの、というイメージがあるかもしれません。ですが、資本金は増資や減資によって動きますし、剰余金も配当金の原資となっていて、減少しているかもしれません。何らかの目的で積立金を計上している場合にも、その動きを確認するときに株主資本等変動計算書は有用です。

新入社員：そうなんですね。事業再編によって純資産が大きく変動した会社があったのを思い出しました。その時は、貸借対照表と損益計算書しかなかったので、期末時点の結果しか分からなかったですね。

先輩社員：ある程度大きな企業になってくると、先ほどの『新株予約権』や『評価・換算差額等』が計上されるケースも増えてきますので、株主資本等変動計算書の重要性も上がってきます。また、純資産の株主資本においてマイナス計上される『自己株式』の動きを確認することもできますよ。

新入社員：自己株式という科目も確かに見かけたことがあります。自社
　　　　　の株を自社が持っている状態ですよね。資本金が減るような
　　　　　イメージなので、マイナス計上される理由は納得です。この
　　　　　科目も何か注意したほうが良いのでしょうか？

先輩社員：取得した時の価格で計上されますので、1株の単価が上がっ
　　　　　ていると大きな金額が計上されることもあり、そのような場
　　　　　合は、取得の背景を探りたいですね。結局、自己資本比率を
　　　　　低下させる一因になりますので。ちなみに、以前は自己株式
　　　　　の取得が禁止されていました。

新入社員：なかなか、純資産科目も奥が深いのですね。気になるケース
　　　　　があったら、また教えてください。

先輩社員：純資産の部だけで何冊も専門書が出ているので難しい論点が
　　　　　ひしめいているのは確かです。そのため、初心者のうちは、
　　　　　聞きなれない科目も多いですし、科目名だけでは内容がイ
　　　　　メージしにくいかもしれません。ただ、貸借対照表の純資産
　　　　　の部を見るだけではなく、極力、株主資本等変動計算書に目
　　　　　を通すクセをつけることで、その決算期のフローがよりイ
　　　　　メージしやすくなると思います。

ポイントの整理

・貸借対照表の純資産の部の、決算期間における変動状況を示す財
　務諸表を「株主資本等変動計算書」という。
・株主資本等変動計算書には、「株主資本」以外にも「新株予約権」「評
　価・換算差額等」といった、変動も示される。

4 注記表

①手形割引高や裏書譲渡高の注記に要注意

先輩社員：さて、貸借対照表、損益計算書からはじまり、キャッシュフロー計算書と株主資本等変動計算書を確認してきました。もう１つ、忘れがちですが注記表についてもお話ししておきましょう。

新入社員：決算書のオマケ的なイメージで、あまり注目したことはあり

図表 1-21　注記表（例）

注記表

（令和○年○月○日から　令和○年○月○日まで）

1．重要な会計方針にかかわる事項に関する注記
　　　　　1）重要な資産の減価償却の方法
　　　　　2）引当金の計上基準

2．貸借対照表に関する注記
　　　　　1）有形固定資産の減価償却累計額
　　　　　2）保証債務

3．損益計算書に関する注記
　　　　　1）関係会社との取引高

4．株主資本等変動計算書に関する注記
　　　　　1）配当金の増額

5．その他の注記

ません…。採用している会計方針の説明が記載されていたり
するんですよね？

先輩社員：そうですね。重要な会計方針に係る事項に関する注記や、会
計方針や表示方法の変更に関する注記、また、貸借対照表や
損益計算書に関する注記など様々です。過去からの推移で、
大きく目立つ項目があれば、関連する基準変更があるかの
チェックに加え、手形取引を経常的に行っている会社では、
その割引高や裏書譲渡高が注記に記載されることもあります。

新入社員：割引というのは手形を金融機関で早期に現金化すること、ま
た裏書は他の会社に手形を渡すケースだと思いますが、買掛
金の支払い等に充てられるんですよね。ここら辺って重要な
んでしょうか？

先輩社員：その会社の資金繰りを見極めるときには特に注意が必要です。
例えば、貸借対照表の受取手形は少ない一方で、割引の金額
が大きければ、早期現金化のニーズが高い会社かもしれませ
ん。割引や裏書によって手放した手形であっても、不渡りに
なったら戻ってきますからリスクは残っていることになりま
す。

新入社員：そうなんですね！　受取手形を含む売上債権の回転期間が少
ないというだけで安心しないよう、極力注記にも目を向ける
ようにします。他には、見ておくべきポイントはあるのでしょ
うか？

②決算書本表では表現しきれない内容が書かれていることもある

先輩社員：減価償却累計額や資産の明細などがあれば、特に製造業など
固定資産が大きい業種ではチェックしておきたいですね。貸
借対照表には、取得価額と減価償却累計額を両方記載する
ケースもあれば、取得価額から減価償却累計額を差し引いた

金額を記載するケースもありますからね。

新入社員：なるほど。確かに、中小企業の製造業で、ほとんど固定資産が計上されていなくて疑問に思ったことがありました。詳しく調べてみると、どの機械も大切に使っていて、償却が完了していたというケースでした。

先輩社員：中小企業だと、注記表を確認できないこともあると思いますが、上場企業になると、注記のボリュームも大きくなり、その重要性も高くなってきます。他には、担保に供している資産や、係争案件の進捗状況など、決算書本表では表現しきれない内容が書かれていることもありますからね。

新入社員：そんなに書かれていることがたくさんあると、どこまで確認すべきか悩みますね。

先輩社員：やはり、どのような視点でその企業を見るかによって、どこまで確認すべきか、つまりどれだけ時間を割くかが分かるようになってくるでしょう。それができるのは、ある程度ベテランの域だと思います。ですので、初心者のうちは、時間をかけてもよいので、極力目を通すとよいと思いますよ。特に上場企業の注記は、有価証券報告書などから容易に閲覧できます。確かに分からないことも多いと思いますが、それをきっかけに学習を進めるという方法もあるでしょう。

新入社員：どんなことが書かれているのかを、まずは知るのがよさそうですね。

先輩社員：そうそう、上場企業によっては、グループ企業を含めた連結決算書と、単独決算書が作成されることがあります。学習という観点からなら、連結決算も、それはそれで論点が多いので、まずは単独の財務諸表と注記を見ていくことをお勧めします。

新入社員：おおむね財務諸表を学んできて、かなり知識がついたかと思

　　　　いますが、連結決算などまだまだ勉強すべき内容がありそう
　　　　ですね。

先輩社員：確かに、いきなり有価証券報告書を目にしたら、難しいと感
　　　　じるかもしれませんが、これまで学んできたベースの知識は
　　　　これらを読むうえで、必要なものです。貸借対照表や損益計
　　　　算書の基礎知識をしっかり復習しつつ、注記があれば、それ
　　　　にも目を向けるようにして、少しずつ知識の範囲を広げて
　　　　いってください。

ポイントの整理

・注記表には、重要な会計方針に係る事項に関する注記や、会計方
　針や表示方法の変更に関する注記、また、貸借対照表や損益計算
　書に関する注記等が記載される。
・初心者のうちは、時間をかけてもよいので、極力目を通すとよい。

決算書の作成プロセス

①簿記の仕訳を積み上げて決算書が作成される

先輩社員：財務会計の基礎知識固めとして、1つずつ順を追って説明を
してきました。ここまでで、何か確認しておきたいことや気
になることはありますか？

新入社員：できあがった決算書から見方を学ぶうちに、どのように作ら
れるのかが気になるようになりました。決算書を作り上げる
のは、主に経理の担当のお仕事でしょうが、結構大変そうで
すよね。

先輩社員：そうですね。簿記の世界になりますが、取引を丁寧に『仕訳
(しわけ)』を起こして記帳し、積み上げて決算書を作り上げ
ます。つまり、取引ごとに決算書のどの項目がいくら変わる
のか、勘定科目と金額をメモしていくわけです。今はパソコ
ンに記録していきますが、一昔前はノートに記帳していたわ
けですから、貸借を合わせるのも一苦労だったでしょうね。

②仕訳とは

新入社員：仕訳について、もう少し具体的に教えてください。

先輩社員：勘定科目は、貸借対照表の資産、負債、純資産および、損益
計算書の収益、費用のいずれかに分類されます（図表 1-22
参照）。この図表中、薄い網がかかっている部分が増加すれ

図表 1-22　仕訳の考え方

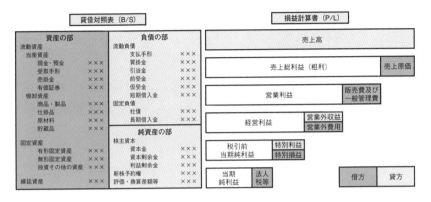

ば借方科目となり、濃い網がかかっている部分が増加すれば
貸方科目となるということを覚えてください。

　では、例えば、単純に商品 100 円分を現金で売ったらどのよ
うな勘定科目に変化があると思いますか？

新入社員：商品が 100 減って、現金が 100 増えるということですよね。
　　　　　でも、商品は資産科目で期末に棚卸をするわけですから、売
　　　　　上 100 を計上して現金が 100 増える、であっていますか？

先輩社員：正解です。現金の増加は借方科目として左側に、売上は貸方
　　　　　科目として右側に計上すると、『現金 100 ／売上 100』と記
　　　　　帳できます。これが 1 つの仕訳というわけです。仕訳の左右、
　　　　　つまり貸借の金額合計は必ず一致します。

新入社員：なるほど。この仕訳を積み上げると、貸借対照表や損益計算
　　　　　書といった財務諸表が作られるわけですね。決算書を見ると
　　　　　きはあまり意識しませんが、改めて考えてみるとすごい発明
　　　　　ですよね。

先輩社員：そうですね。ちなみに、このような記帳方法を複式簿記とい
　　　　　います。あらゆる取引を借方と貸方に分類して記録を積み重
　　　　　ねることにより、財務諸表を正しく作ることができるわけで

す。ちなみに、現金の出入りのみ記録する単式簿記という方法がありますが、お小遣い帳レベルにとどまってしまいます。

③企業の決算整理は一大イベント

新入社員：企業の経理担当の方は個々の取引を丁寧に拾っていかなければならないわけですが…、どのように記帳漏れを防ぐのでしょうか？

先輩社員：例えば、仕訳を入力していく時は、まずは売上帳や発行した請求書、そして仕入帳やもらった請求書をベースに打っていき、次に通帳、そしてレシートベースの小口現金の入出を打っていきます。それぞれの月末の数字に矛盾がないか、チェックしていくような流れになるでしょう。一気に1年分を入力するのは、チェックも大変でしょうから、月次試算表を作成して、最後に決算整理をして帳簿を締めるのが一般的です。

新入社員：決算整理というのは棚卸とかですよね？

先輩社員：そうですね。減価償却費を計上したり、最終的な利益に対して税額を求めて計上したり、決算整理も一大イベントで大変だと聞きます。一般の企業の経理担当者は、どんな仕事をしているんでしょうね？

新入社員：ようやく自分の家計簿をつけられるようになったレベルの私では想像がつきません。

先輩社員：もし税務調査が入ったときは、その対応もしなくてはなりませんし、大きな会社になってくると、監査への協力が必要です。正しく処理がされているか、厳しい目が時に入りますからね。緊張の連続かもしれません。

新入社員：そうなんですね！ まずは、しっかり決算書を読めるようになりたいと思います。税務の知識も必要となってくると、勉強すべき範囲が広くて大変そうです。

ポイントの整理

・一般企業が採用している、各取引を借方と貸方、つまり資産、負債、純資産、収益、費用に分類して仕訳し、記帳する方法を「複式簿記」という。

・仕訳を積み上げて決算書が作成される。

第7節

よくある粉飾のパターン

①避けて通れない『粉飾』

先輩社員：ここまで、少々難しい話もあったかと思いますが、よく付いてきてくれましたね。

新入社員：決算書はいくら学んでも、さらに深い論点が出てきて尻込みしそうになることもありましたが、その面白さも知ることができました。バラバラにみていたそれぞれの帳票も、つながりがあることが実感できるようになってきました。

先輩社員：確かに漢字と数字の羅列で苦手意識が強い人も少なくないでしょう。でも金融機関の行職員にとっては不可欠な知識ですからね。

ここでは、決算書を見るうえでは避けては通れない『粉飾』を取り上げたいと思います。なお、粉飾については第2章以降で詳しく解説します。

新入社員：人が作るものですから、粉飾をまったくなくすのは難しいんでしょうね。これまでも、棚卸資産や売上債権が多い時は注意すべし、というお話がありましたよね。

先輩社員：そうです。よくある粉飾のパターンとして、損益計算書で架空売上を計上すると、結局は架空の売掛金といった売上債権が貸借対照表上で増えていきます。また、原価を過少計上しようとして期末の棚卸資産を増やす手法もよくあるケースで

す。

新入社員：期末の棚卸資産を増やす理由が、レクチャーを聞き始める前はよく分かりませんでしたが、売上に対応する経費をしっかり計算するために、売れていない商品や使っていない材料を原価計算上、差し引く仕組みを悪用しているんですよね。

先輩社員：そのとおりです。ただ、どの会社も本当は粉飾なんてしたくないはずです。業績が落ち込んだことを気にして、初めはちょっとした軽い気持ちで粉飾をしてしまうのかもしれませんが、それが解消せず積もり積もっていくと、決算書に異常値として表れてくるわけです。

新入社員：異常値の判定としては、業界平均などと比べるのが良いんですよね。

先輩社員：できれば、そのような情報を入手してほしいですね。また、回転期間といった月商比の考え方は特に有用です。これも繰り返しの紹介にはなりますが、例えば現預金の水準が大きく月商を下回っているケースや、非常に借入金が多いケースなどは、粉飾に限らずその背景に注意すべきでしょう。

②定性情報収集も重要

新入社員：他に着目すべき科目は何かありますか？

先輩社員：売上債権や棚卸資産に異常が見当たらなくても、科目振替をしてごまかそうとするケースもあります。資産科目の中で『仮払金』や『その他の資産』といった、その勘定科目名のみでは中身が分からない科目があれば気を付けましょう。過年度からどんどん増えていれば、やはり怪しいですよね。

新入社員：以前見た倒産したケースでは、『貸付金』が多額に計上されていたのを思い出しました。自社にお金がないのに、社外流出が多いのは、やはりおかしいですよね？

先輩社員：グループ会社で経営している場合、関連会社間で資金を融通し合うキャッシュマネジメントシステムを導入していて『貸付金』が登場するケースもあります。そのため一概に悪いとは言えませんが、単独企業のみで判断せず、極力グループ会社の財政状態もチェックしておきたいですね。もちろん、決算書の情報だけに傾注しすぎず、グループ会社で何か悪い風評が立っていないか、といったところから定性情報収集も重要です。

新入社員：決算書の定量情報と、そこには載ってこない定性情報。両方とも大切だという事は、特に決算書の知識が付いてくると感じるところです。

先輩社員：決算書が分かってくると、その弱点も知ることになりますからね。粉飾しそうな会社なのか、という目線も大切です。このあたりは、法人担当者に違和感がないか、話を聞くことも時に効果的です。

ポイントの整理

・粉飾の王道パターンとして、架空売上に対する売上債権回転期間の長期化、原価の過少計上に対する棚卸資産回転期間の長期化が挙げられる。

・業界平均や月商比を用いて、「現預金」水準のほか、「貸付金」「仮払金」「その他の資産」や、「有利子負債」のボリュームなど、バランスが極端に悪い科目がないかチェックすることも重要である。

第8節

注意したい『ヒト・モノ・カネ』

①カネ

先輩社員：第1章は財務分析のイロハ、ということでレクチャーを続け
てきましたが、定性情報の重要性についても話しておきたい
と思います。注目ポイントは『ヒト・モノ・カネ』にありま
す。

新入社員：この『カネ』というのは、主に決算書の財務分析など、定量
情報という理解で良いでしょうか？

先輩社員：基本的にはそうですね。ただ、決算後の情報として、手形サ
イトの延長要請や、支払期日の延長要請、現金払いの比率が
低下してくるといった動向も、『カネ』に関わる危険シグナ
ルの例です。

新入社員：支払い担当がなかなかつかまらなかった、と倒産直前のケー
スで耳にしたことがあります。

②ヒト

先輩社員：『ヒト』に重なる部分ですが、それも一例ですね。『ヒト』に
ついては、まず社長といったトップの動向に着目です。

新入社員：やたらと羽振りがよさそうだったりすると、私なら少し警戒
しちゃうかもしれません。

先輩社員：公私混同が目立つ、または、数字音痴といったところにつな

がりそうですね。他には、出社がいつも遅かったり、そういった態度が社風に影響して、従業員の来客や電話対応が不快に感じる、といったこともチェックポイントとして挙げられるでしょう。

新入社員：訪問した時に整理整頓がされていなかったり、なんだか活気が感じられないということもありますよね。従業員の退職が続いているというケースも気になります。

先輩社員：一方で、営業規模の割に社員が急増しているというケースも注意したいところです。それだけ人件費がかかりますので、売上がついてきているか、資金繰りは安定しているか、決算書の情報とともに確認すべきでしょう。では、『モノ』はどのような点に気を付けるべきだと思いますか？

③モノ

新入社員：そうですね…まずは、やはりその会社の主力商品の売行きが順調かどうか、というところでしょうか。販売先の倒産や、そうでなくても、大量の返品やトラブルの噂は見逃したくないですね。在庫状況にも気を付けたいですが、倉庫を見られるチャンスはまちまちでしょうね。

先輩社員：決算書上、棚卸資産が大きく動いていれば、製品在庫の急増・急減と合致しているか、ヒアリングにより理由とともに把握できると理想的ですね。回答が曖昧だったり、決算と逆の状況だと、在庫管理が杜撰である可能性が考えられます。

新入社員：『モノ』については、仕入れから製造、販売までの過程をイメージするとよさそうですね。どこかでトラブルが発生していたら、供給が滞ってしまう可能性がありますよね。

先輩社員：そのとおりです。上流では仕入先の撤退や、高い価格での仕入れがないか、そして製造工程については、先の在庫の話が

ありました。納品への流れでは、納期遅れや不具合品の多発、または、製品価格のダンピングも、その背景を探りたいです。

新入社員：ダンピング、とはどのような意味ですか？

先輩社員：考えにくいほど安い価格で商品を投げ売り販売しているようなケースを指します。

新入社員：そんなことをしていたら、採算が取れないんじゃないか、と心配になりますよね。

先輩社員：様々な商製品の価格が高騰している昨今では、あまり考えにくいですが、時流と逆行する動きが目立つ場合は、やはり注意したいポイントですね。決算書は基本的に年1回、しかも我々が目にするときは、あくまでも過去データですので、それだけで判断することのリスクが分かると思います。

新入社員：決算書を学んでいくうえで、それだけでは分からないことに対する理解も深まったと感じます。ですが、企業の良し悪しの判断がいかに難しいことかも改めて実感するようになりました。

ポイントの整理

- 手形サイトの延長要請、支払期日の延長要請、現金払い比率の低下等、決算後の『カネ』情報に留意する。
- 『ヒト』については、まず社長といったトップの動向に着目する。
- 『モノ』については、仕入れから製造、販売までの過程をイメージするとよい。

図表 1-23　危ない会社を見分ける「主なチェックポイント」

『**ヒト**』————————————————————

（社長）

・明確な経営理念やポリシーがない

・リーダーシップ・指導力に欠ける

・業界団体や政治団体等の肩書きが多い

・業界動向に疎く、商品知識に欠けている

・決算書が読めない。経理面を部下に任せきり

・言動が派手。将来の話、大きい話好き

・私生活で良からぬ噂がある

・社長以外の実権者が存在する

・ワンマン。後継者となる幹部人材がいない

（従業員）

・挨拶、応対ができず、言葉遣いが乱れている

・服装が乱れていたり、職場にふさわしくない

・大量採用、大量離職が起きている。退職者の補充がない

・コンサルタント、顧問などの肩書きの人間が入ってきた

・担当者変更が頻繁にある

・自社の悪口や愚痴を言う社員が多い

・役員や幹部に退職者がでている

・従業員への給料が遅配している

・月末に経理担当者がつかまらない

『**モノ**』————————————————————

・仕入先・取引先が安定しない

・主力仕入先・得意先への依存度が高い

・手形へ支払い条件が変わった。支払い期間が長くなった
・急激な製品発注の増加、購買量の増加がみられる
・取引先との商品クレームおよび返品が多発している
・市価よりも高い価格で商品を仕入れている
・関係会社、第二会社を設立した
・取引先、子会社が倒産した
・ネット上の書き込みが多い
・調査会社への照会が増えている

『カネ』───────────────────────────
・メインバンクが変更された
・借入金額がメインと準メインで逆転している
・メインバンクが存在しない
・いつもと違う銀行からの入金があった
・銀行から役員を受け入れた（とくに経理部長は要注意）
・所有不動産の担保設定に金融業者からの担保設定あり
・債権譲渡登記が設定されている
・売上の伸びに比べて手形割引残高が多くなっている

『現場』───────────────────────────
・現場内外が清掃されておらず、整理整頓がされていない
・社長室、社用車、事務所が過度に豪華である
・机上が乱雑で、スケジュール表の記入が乱雑である
・規模の割に会社の電話が鳴っていない。来客が極端に少ない
・設備の種類や台数が適切か、老朽化していないか
・現場の立地が業務にあっていない
・業容に比べて在庫が多すぎる

第2章

粉飾決算のパターンと
具体的手口

先輩社員：第１章では「決算書のイロハ」を学んできましたが、いかがでしたか。

新入社員：まだまだ勉強することは多いと思いますが、ある程度は理解が進んだと思います。

先輩社員：それはよかったです。ところでこの本書の目的は「粉飾決算の手口と発見のポイント」を読者の方に理解してもらうことにあります。

新入社員：粉飾決算ですか…第１章の「よくある粉飾のパターン」などでも解説してもらいましたが、それ以上の専門的な解説がこれから始まるのですね。

先輩社員：粉飾の大半は、貸借対照表と損益計算書の関係性をつかむことがまず重要です。今まで学んできたことを思い出しながら図表 2-1 を見てください。分かりやすくするために、会社設立時点の貸借対照表を一番左側に示しています。

新入社員：会社設立時点ですから、損益計算書はないのですね。

先輩社員：そして、貸借対照表の右下にある「資本」には「利益剰余金」もないということに気づいてください。

新入社員：純資産の部には株主からの出資しか含まれていないということですね。

先輩社員：さて、この会社は無事に第１期の経営を進め、損益計算書のとおりの利益を出すことができました。収益が費用を上回り、差額が利益となったということです。

新入社員：そうすると、その利益相当額が、貸借対照表の利益剰余金に計上され、その分が現預金や売掛債権等の資産としても計上されるわけですね。

先輩社員：そのとおりです。改めて図表 2-1 の中央にある貸借対照表と損益計算書を見てください。

新入社員：それぞれに、同額の「利益」がありますね。

図表 2-1 貸借対照表と損益計算書

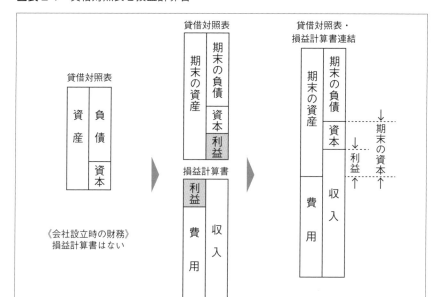

出所：寺岡雅顕「ベテラン融資マンの知恵袋」（銀行研修社）より作成

先輩社員：そうなのです。そして、この「利益」部分を重ね合わせると、図表 2-1 の左側のような、貸借対照表と損益計算書を合体したものができあがります。

新入社員：「期末の資産」＋「その期の費用」＝「期末の負債」＋「期初の資本」＋「その期の収入」という関係にあるのですね！

先輩社員：そのとおり。この関係を覚えておくと粉飾決算の理解が進みますよ。利益を増加あるいは減少させるために、「資産」「負債」「収入」「費用」を恣意的にコントロールするのが粉飾だと捉えてください。

新入社員：何だか簡単な気がしてきました。

先輩社員：そうですか…？　でも、粉飾について専門的に解説しようと
　　　　　すると、これ以上の対話形式では十分に理解していただくこ
　　　　　とが難しいので、ひとまず私たちの対話はここまでにし、第
　　　　　2章以降は一般的なテキスト型の解説を進めていこうと思い
　　　　　ます。

新入社員：では、読者の皆さんとはここでお別れですね。今までお付き
　　　　　合いいただきありがとうございました！　粉飾決算の手口と
　　　　　発見のコツを身に付けていただき、実務に生かしてくださる
　　　　　ことを期待しています。

先輩社員：第1章で、決算書の基本は十分身に付いたと思います。以降
　　　　　の解説はスムーズに頭に入ると思いますが、もし分からない
　　　　　ことが出てきたら、第1章を再度読み返してみてくださいね。

第1節

収益の不正計上による粉飾決算

1　収益の過大計上と資産の過大計上

　粉飾決算のうち、「収益の過大計上と資産の過大計上」という手口は利益の過大計上のため、最も多く、安易に用いられています。

(1)期間損益に関するもの

①売上の繰上計上と売掛金の計上

　翌期の売上に属するものを先取りし、当期の売上としてしまう手口です。例えば、決算が3月末の場合、翌4月以降の商品納入も3月中の納入として売上に計上するような場合です。

②売上計上基準の変更

　売上計上基準の変更は、「売上の先取り」になる場合が多いです。例えば、イ．建設業で従来は工事完成基準で完成工事高を計上していたものを工事進行基準に変更したり、ロ．商品を月賦販売している企業が、従来は売上の計上を回収基準としていたものを販売基準に変更したりした場合が該当します。

図表 2-2　収益の過大計上と資産の過大計上による粉飾の手口

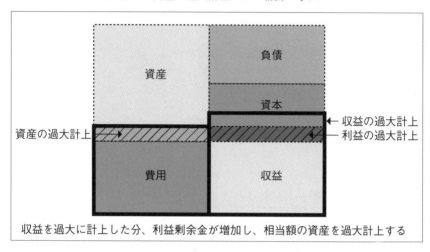

収益を過大に計上した分、利益剰余金が増加し、相当額の資産を過大計上する

③子会社・関係会社に対する売上計上と売掛金の計上

　親子会社間の通常取引のほか、製品を親会社から子会社や関係会社に移して売上計上し、子会社では製品が在庫になっている場合が該当します。この場合、実際に在庫がないものを売上計上すると、次に解説する不正計算の問題となります。

(2)不正計算に関するもの

　不正計算とは、
- ・実際には発生していない取引を、あたかも発生したかのように計算すること（架空取引）
- ・実際には発生している取引を、帳簿上なかったことにすること（簿外取引）
- ・本来あるべき勘定科目とは異なる仕訳をして計算すること
- ・数量や単価を恣意的に操作して計算すること
などをいいます。

①架空売上と架空売掛金の計上

イ．売上の架空計上と売掛金を計上

　これは、「モノ」の裏付けなしに売上、売掛金を計上するものです。売上高に見合う売上原価が計上されないため、売上高の計上そのものが利益の増加となります。

ロ．在庫の売上計上と売掛金の計上

　実際の製品または商品の在庫をそのままに、帳簿上はあたかも在庫が動いたことにして売上を計上し、売掛金を計上する場合です。

②委託販売の売上計上と売掛金の計上

　委託販売は、第三者への販売委託のため、製品や商品を預けたものですから、売上が実現したとはいえません。しかしこれを委託先に製品または商品を預けた段階で売上計上すると、架空の売上、架空の売掛金計上となります。

③棚卸資産の評価増と不正な評価益の計上

　棚卸資産の価額を不当に引上げ、評価益を出すような場合です。この結果、売上原価の減少につながるので、利益の水増しになります。

④棚卸資産の数量を水増し計上

　棚卸資産の数量を実数より多く計上する場合で、これも③同様に売上原価の減少につながるので、利益の水増しになります。

⑤有価証券の株数の水増し計上

　有価証券の株数を水増しして、架空の利益を生み出す方法です。水増しした分だけ資産（有価証券勘定の残高）が増加するので、その分、利益（純資産の部の利益剰余金）が増加するという構図です。単純な単価の水増しは、有価証券の取引相場との比較ですぐ判明するため、株数で

水増しをすることになります。

⑥土地、借地権等の子会社・関係会社への売却と売却益の計上

　子会社・関係会社が利用するものでなく、買い取る資力もないのに、将来買い戻す約束等で土地や借地権等をこれらの会社に売却し、土地売却益等として計上する場合です。

　法的な手続き（例えば登記変更）を行ったとしても、利益を生み出すための手段であり、決算の粉飾といえます。このような時は、親会社と子会社の決算を連結して見ることにより一目瞭然となります。

ケーススタディー① （粉飾倒産事例から）

　2007年9月、ティッシュペーパーやトイレットペーパー等の紙製品販売を手がけるA社が300億円を超える負債を抱え、破産手続き開始決定を受けた。破綻後、粉飾決算など様々な「コンプライアンス違反」が次々と明らかになった。

　設立当初は小規模な事業者としてスタートしたが、A社が扱う商品が地元を中心に広く認知されると、販売実績、知名度ともに向上。その後、農業組合連合会との関係強化に成功し、各都府県の経済連合会などと取引は拡大していった。販路は全国区に広がり、2007年3月期の年売上高は約810億円（会社公表値）にまで伸ばした。同組合の指定事業者としては上位の納入実績を計上するまでに至った。

　しかし、急速な業容拡大に伴う資金需要が高まる中で、不明瞭な資金調達が明らかになる。A社は国税局の査察に端を発し、「納税証明書を偽造した」として金融機関から不正に融資を受けたとされ

る「有印私文書偽造、同行使の疑い」で、代表取締役ら複数の取締役が逮捕された。経営陣の相次ぐ逮捕により営業継続が困難となったことから、A社は事業継続を断念、破産申請に追い込まれた。

　倒産後の調査で、主力取引先であった農業組合連合会との間の取引実態について、金融機関に対して「きわめて誇張」していたことが明らかとなった。金融機関から経営実態に見合わない過度の融資を受け、資金の大部分を役員が寄付やゴルフ場・ホテルの買収などで使っていたという。

　金融機関からの借入の金額は400億円を超えたとされ、A社の実態の年売上高は810億円ではなく、「7億円程度」であったとされる。どのようにA社は資金調達をしてきたのか。逮捕された役員らは、多数の金融機関の融資担当者に対し、「農業組合連合会がA社の債務を保証してくれる」などと虚偽の事実を告げ、これを真実であるかのように偽造した保証書を見せるなどしていた。

　「保証」という言葉は、保証してくれる先が大手であればあるほど効力を強める。とはいえ金額の乖離があまりにも大きく、巨額詐欺事件にまで発展したA社の破産は多くの教訓を残した。

ケーススタディー②（粉飾倒産事例から）

　カー用品販売業者のB社は、2019年3月に破産手続き開始決定を受けた。

　B社は1977年9月にカー用品販売を目的に創業し、全国主要都

市に事業所を開設。携帯電話充電器、ハンズフリーキットなどをはじめ、ウィンドーフィルム、日よけ、カーテンなどの遮光品、灰皿、車内装飾品などカーアクセサリー、カーナビ、テレビチューナーなど、常時1,000点以上のアイテムを扱っていた。

　中国の現地法人や現地企業、韓国企業などに製造を委託し、輸入した製品を全国各地のカー用品専門店やホームセンターなどに販売する自社企画製品の取扱いにシフト。ピークとなる2016年9月期には年売上高約39億700万円を計上していた。

　しかし若年層の自動車離れが進む中、カー用品の売上が伸び悩み、2017年9月期の年売上高は約34億200万円に落ち込んでいた。加えて、2016年9月期は取引金融機関「約15行から借入総額約22億円」だったものが、2018年9月期には「約25行から同約30億円」にまで拡大。この頃には返済するために借入をおこす、いわゆる"自転車操業"の状態に陥るなど資金繰りが悪化していた。

　このため、2017年9月期から財務状態を実際よりも良く見せるため「粉飾決算」が行われていたという。財務状態の悪化に伴う金融機関からの融資打切りや、取引先との取引解消をおそれ、売上高や利益を過大に計上していたとされる。

　詳細な手口は判明しないものの、「架空売上を計上し、売掛金などを水増ししていた」と考えられる。回収条件に特に変化がない中、売上債権回転期間（月）を見ると、粉飾決算前の2016年9月期は「1.29」だったものが、粉飾決算後の2017年9月期には「2.07」となり、2018年9月期にはさらに「2.62」と長期化していた。
　利益の過大計上においては、「架空在庫による在庫の水増し」が

考えられる。棚卸資産回転期間（月）を見ても、2016 年 9 月期には「3.15」だったものが、2018 年 9 月期には「4.91」となっていた。商品の廃盤に伴う返品の増加で在庫が増えていたとはいえ、数値の変化からは長期化していた実態が見てとれる。

　粉飾により決算書をよく見せることで取引行および借入金を増やし、自転車操業的に延命を図る。しかし経営実態は火の車で、遅かれ早かれ、訪れるであろう資金調達の限界を知りながら、止められなくなるところに粉飾決算の恐ろしさがある。実態を嘘で塗り固めたことで、いつかはボロが出て、数字に表れてくる。粉飾の行く末は「倒産」という厳しい幕切れを示す事例だった。

2　収益の過大計上と負債または資本の過小計上

　「収益の過大計上」という粉飾の場合の相手勘定として、負債または資本が用いられます。収益を過大計上する分、負債もしくは資本を過小計上して辻褄を合わせることとなります。実務的には、資本のようにはっきりしているものは粉飾に利用しにくいため、あまり例がありません。このため、収益の過大計上の相手勘定は主に負債の過小計上になります。

(1)期間損益に関するもの

①前受金を売上に計上

　得意先から注文を受けた商品の納入前に、代金の一部として受け取った前受金を売上計上する場合で、売上の繰上げ計上ということです。この場合、売上高に見合う売上原価が計上されないため、売上高＝利益の水増しとなります。

図表 2-3　収益の過大計上と負債の過小計上による粉飾

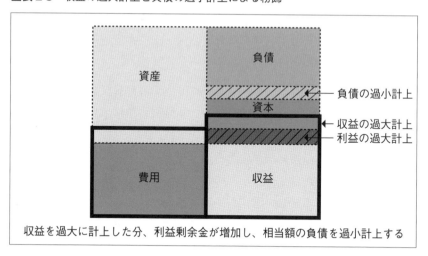

②引当金の不当取崩し

　過年度に引き当てた引当金を、会計原則を無視して不当に取崩して戻し益を計上し、利益を増加させる場合です。

　各種引当金には、税法基準により引き当てるものと、会社が将来の損失に備えるために引き当てるものがあります。いずれにしても、会社がこれらの引当金を設けた場合、それぞれ計上基準、計上根拠があるはずです。これを予定どおりの利益が計上できないため、任意に取り崩して益出しに使用するのも粉飾といえます。

(2)不正計算に関するもの

①仮受金、預り金等の売上計上または雑益計上

　一時的な仮勘定の仮受金や、得意先や従業員からの預り金を、売上や雑益等の収益に計上する場合です。これらの勘定は、後日精算または返却を要するもので、売上または雑益に計上すると、簿外の仮受金または預り金（簿外債務）が発生することになります。

②借入金の売上計上

　金融機関等からの借入金を負債に計上せず、売上高等として収益計上する場合です。これにより、簿外債務が発生することになる。上記の仮受金または預り金を仮受金等として受入せず、現金売上等とする場合も同じ結果となります。

ケーススタディー③（粉飾倒産事例から）

　C社は2010年4月の設立。別会社（2011年破産）から約40店舗を引き継いで、リラクゼーションサロンやネイルサロンなどを展開していた。

　ちなみに、事業譲渡元の別会社は「営業手法に問題がある」として業務停止命令を受けていた会社だった。そのため周囲から一定の警戒感は持たれていたものの、設立から4期連続で黒字を確保し、2015年3月期の年売上高は約34億700万円に達していた。しかし2015年春、代表Y氏が辞任し、D社の副社長H氏が新代表に就任する。これまでにも様々な企業を傘下に収めてきたD社が、C社の経営に介入してきたのだ。

　きっかけは「資金調達」だった。2014年末、理由は後述するがC社の資金繰りは相当厳しくなっていた。そのためD社から資金を借り入れ、自社株を担保に差し入れていた。D社によれば「担保権行使による株式取得後に臨時株主総会を開催し、代表を交代した。その後、多額の簿外債務が発覚した」という。H氏は全額弁済が困難と判断し、同じ年の5月に民事再生法の適用を申請した。債権者集会では、①20億円以上の簿外債務の存在、②D社がスポンサーとなっての経営再建などが語られた。

水面下では旧経営陣が経営権奪還に向けて動いていた。5月中旬に再生手続きの棄却を求める意見書を裁判所に提出。「不当な手続きで経営権が移動しており、Y氏の退任は無効」と主張し、実務面での主導権も握って徹底抗戦した。

　これに新経営陣が音を上げた。5月下旬、再生手続きの取下げを申し立てた。①代表の地位を巡り争いがあること、②H氏側が資金管理および従業員への指揮命令権を把握しているとは言い難いこと、③運転資金の不足、がその理由だった。新代表となったH氏は結局、現場の支持と信頼を得ることができなかったのだ。

　経営権を奪還した旧経営陣だが、一連の騒動でクレジット会社経由の資金回収は停止された。店舗賃料も滞納し、債権者からの督促が殺到する。複数の赤字店舗も閉鎖した。さらには粉飾決算も露呈する。

　エステの契約は前払いが中心であり、顧客が支払った金額は前受金として計上、「役務」を提供して初めて「売上」となる。しかしC社は前受金の一部を売上に計上して水増しし、増収増益に見せかけていた。C社は11月に自己破産を申請し、翌月に破産手続き開始決定を受けた。「乗っ取り騒動」に「粉飾決算」と、新旧の両経営陣ともに経営の根幹に関わる部分で深刻な問題があったという、非常に後味の悪い倒産であった。

3　収益の過小計上と資産の過小計上（逆粉飾）

利益の過小計上（逆粉飾）の主な目的は、大きく3つあります。それ

は、①税金逃れのため、②役員等の裏金捻出のため、③利益の平準化の
ため、であり、しばしば利用されています。

図表 2-4　収益と資産の過小計上による粉飾

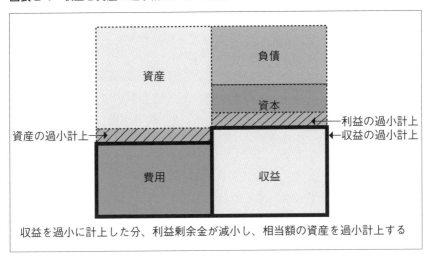

資産の過小計上→
資産
負債
資本
利益の過小計上
収益の過小計上
費用
収益

収益を過小に計上した分、利益剰余金が減小し、相当額の資産を過小計上する

　以下では主な逆粉飾のケースを説明します。

(1)期間損益に関するもの

　期間損益に関するものとしては、売上の繰り下げ計上があります。こ
れは、売上が実現しているにも関わらず、一部を翌期に繰り延べる方法
です。その分だけ売掛金も過小に表示され、利益の額が圧縮されること
になります。

(2)不正計算に関するもの

①売上除外
　売上を意図的に除外し、売掛金も計上しない方法です。税金逃れのた
めや役員・従業員の横領によく使われる手口です。ただし、継続して取
引のある得意先や相手が大きな会社の場合は、税務署が収集している資

料などから発見されやすいものです。他方、現金商売の企業などでは比較的、やりやすい手口とも言われています。

　ここで注意したいのは、脱税も同じ手口では長続きしないということです。いつかは摘発されるうえ、さらに大事なことはモラル・コンプライアンスの問題です。会社のトップがこうしたことをしていると、従業員も同じことをするようになるものです。

②雑収入等の除外

　不用品やスクラップを処分するために売却した場合、営業収益の雑収入として計上すべきです。しかし、これを計上しなければ裏金として処理することができます。特にスクラップの多く発生する業種では、一部しか収入として計上せず、多くを簿外処理している場合があります。従業員の着服につながることも多いと言えます。

4　収益の過小計上と負債の過大計上（逆粉飾）

　収益として損益計算書に計上すべきものを、負債として貸借対照表に計上する方法です。一時的な逆粉飾の手段として利用されます。

(1)期間損益に関するもの

　期間損益に関するものとしては、売上を前受金として計上するという手口があります。これは、得意先に商品を納入したものを売上計上せず、前受金として処理して次期以降の売上とする方法です。売上の繰延べ計上による粉飾と同じ手口です。

(2)不正計算に関するもの

①売上金を架空の借入金、仮受金等として計上

　実際に売上があったにもかかわらず、売上計上しない方法と同じです。

図表 2-5　収益の過小計上と負債の過大計上による粉飾

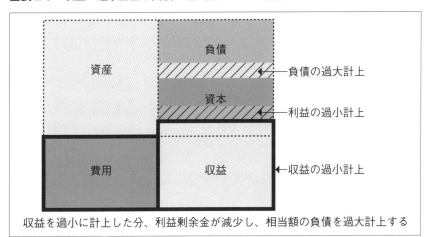

資金繰りの都合上、個人名義の架空の借入金や仮受金として受け入れ、次期以降で資金繰りに余裕ができた時に、借入金または仮受金の返済の形をとって裏金にする手口です。資金繰りの忙しい中小企業に見られます。

②雑収入等を預り金等として計上

　不用品、スクラップ等を売却した際、簿外処理する方法は前述したとおりです（128頁参照）。これを一時的な預り金等として負債に計上し、資金に余裕が出てきたときに預り金を払い出して簿外処理する方法です。

ケーススタディー④（粉飾倒産事例から）

　E社は、総合商社の石油化学製品の一次代理店だった。創業者の死去に伴い、その息子が38歳の若さでトップに就いて以降、積極的に業容を拡大していた。

経営を引き継いだ当時の売上高は 60 億円だったが、十数年で 4
倍の約 240 億円に拡大し、溶剤や樹脂、ワックス類、電子材料、潤
滑油など、多様な製品を扱う石油化学製品の中堅商社の地位を築い
た。

　そうした中で、リーマン・ショックで業容の後退を余儀なくされ、
中期経営計画を打ち出す。高収益製品の扱い比率を高め、手形や売
掛金などの債権流動化と回収サイトの見直しで、収益だけでなく
キャッシュフローの改善に取り組んだ。

　しかし、思ったように計画が進まず業況が悪化していく中で、取
引先から毎月「保証金の積み立て」を要求されるようになり、資金
繰り負担が増した。状況改善のため、取引先に預けていた現金担保
を解放するよう求めていたが、代わりに銀行保証を要求される。す
ぐに取引行に保証を依頼したところ、約 15 億円の「債権譲渡登記」
の設定を受けることが条件とされ、保全措置を講じられた。
　2 カ月後には、共同プロジェクトを実行するにあたり、今度は大
株主が債権譲渡登記を設定した。立て続けに 2 件の債権譲渡登記が
設定されたことで様々な憶測が飛び交い、一部の取引先が撤退する
など信用不安が広がった。

　当座の資金繰りに危機感が増す中、約 1,000 万円の受取手形を
持って複数の市中金融業者を回り始めた。しかし、振出人は E 社役
員の兼務先であったことから「資金目的の融通手形」と判断され、
平時割引を依頼していた取引行にもこの件が発覚。融資がストップ
し、対外的な信用も悪化の一途を辿る。取引先の撤退も相次ぎ、万
策尽きて事業継続を断念した。

　破産を申し立てた際に裁判所に提出された決算書（A）と、取引先に提出していた決算書（B）を比較したところ、粉飾決算を行っていたことが判明した。

　一般的な「売上の水増し」とは異なり、貸借対照表上で売掛金を減らすなど、「総資産を小さく見せるパターン」だった。こうすることで純資産の割合が高まり、自己資本比率が上がって財務内容が健全に見える。

　金融機関との融資契約の中に、自己資本比率に関するコベナンツ（財務制限条項）があったのだろう。倒産 2 期前の決算書では、「売掛金」「当座貸越」「預り保証金」の 3 カ所に粉飾があり、差額も「ラウンド数字（端数のない、切りの良い「000」のような数字）」のみで“単調な粉飾”と見受けられた。

　しかし倒産直前期を見ると、粉飾している勘定科目数が「倍以上」に増え、一部金額が細かくなるなど乱れが生じていた。一部推測にはなるが、長年にわたっての粉飾ではなく、経営が悪化して最後の最後に手を染めたのだろう。破産を申請する直前まで金策に奔走し、粉飾決算、融通手形とさまざまな方法を駆使し、最後まで事業継続を模索していた E 社だが、創業 60 年を目前にして幕を閉じた。

第2節

費用の隠蔽による粉飾決算

1 費用の過小計上と資産の過大計上

これは、費用計上すべきものを資産計上するという手口であり、安易に行われやすいものです。

図表 2-6　費用を資産計上する粉飾

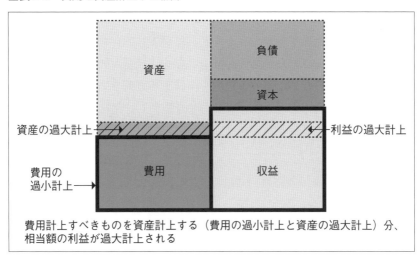

費用計上すべきものを資産計上する（費用の過小計上と資産の過大計上）分、相当額の利益が過大計上される

(1)期間損益に関するもの

①固定資産の減価償却費の不計上と固定資産の過大計上

　固定資産の減価償却について、所定の方法による償却額を計上しないで、固定資産をその償却額分だけ過大に計上する方法です。償却の不足分だけ費用を圧縮し、収益が過大に計上されることになります。

②固定資産の減価償却方法の変更

　会社が一度採用した減価償却方法は、毎期継続して採用すべきとされています。これを随時変え、償却額を増減させることは一種の粉飾といえます。

　「定率法」で償却すると、取得当初の償却負担が重いかわりに、将来の負担が軽減されることになります。反対に「定額法」の場合、毎期均等額で償却することになり、取得当初の負担は「定率法」の場合より少なくて済みます。従来「定率法」を採用していた会社が、途中で「定額法」に変えると、変更年度以降しばらくは、減価償却額が減ることになります。減価償却費は、損益面では費用に計上されるので、償却額が減少した分だけ利益が増加する計算になります。また、固定資産を過大に評価することにもなります。

③修繕費を固定資産として計上

　修繕費として処理すべきものを、増改築、改造費、改良費等の名目で修繕費として当期の費用に計上せず、資本的支出として固定資産に追加計上する方法です。その分だけ当期の費用が圧縮されるとともに利益が過大に計上され、固定資産が過大に計上されます。

　資本的支出か修繕費かの区分は次のとおりです。

イ．支出が固定資産の価値を増加させるか、使用可能期間の延長につながるもの…資本的支出

ロ．それ以外の支出…修繕費

④前払費用の計上

　例えば動産、不動産に火災保険をかけ、1年分の保険料を支払うと、支払った保険料のうち当期分は当期の費用に計上し、次期以降に属する分は当期の費用とせずに資産に計上し、次期以降の費用として処理します。この資産として計上されるものが「前払費用」です。

　前期まで、支払利息、割引料、保険料および地代家賃などの前払分を、支払時の費用として処理していて、特に前払費用として資産計上していなかったものを、当期より前払費用として資産計上するように処理を変更すると、前期に比べて、その分だけ資産が過大に計上されることになります。

⑤たな卸資産の評価方法の変更

　たな卸資産とは、次のものをいいます。
・商品
・製品
・半製品
・原材料
・仕掛品
・消耗品

たな卸資産の期末評価額は、原則として購入代価または製造原価に引取費用等の付随費用を加算した金額です。評価方法には、原価法と低価法があり、原価法には、さらに個別法、先入先出法、後入先出法、移動平均法、総平均法などの種々の方法があります。

　どの方法を採用するかは会社の選択に任され、正当な理由があれば、従来から会社が採用する方法を変更できます。

　各評価法による期末残高の単価、期末たな卸高、売上原価の関係は図

図表 2-7 原価法の各評価法による評価額の特徴

評価方法	先入先出法	後入先出法	移動平均法
期末残高の単価	時価に近くなる	古い取得単価に近くなる	先入先出法と後入先出法の中間になる
期末たな卸高	インフレ時には大きくなる	インフレ時には小さくなる	先入先出法と後入先出法の中間になる
売上原価	インフレ時には小さくなる	インフレ時には大きくなる	先入先出法と後入先出法の中間になる

表 2-7 のようになります。

　以上は原価法ですが、低価法とは、たな卸資産の時価が取得原価よりも下落した場合に、時価を基準として期末評価額を計算する方法です。この低価法を適用する場合に生ずる評価損は原則、売上原価の内訳科目または営業外費用として表示されます。

　ここまで、たな卸資産の評価方法の概要を説明しましたが、このたな卸資産の評価方法を変更することにより、計算上の益出しが可能な場合が出てきます。

　例えばインフレ傾向の時に、前期まで後入先出法を採用していた会社が、当期から先入先出法に変更すると期末のたな卸資産の評価は高くなり、その分だけ利益が増加することになります。

⑥費用を仮払金、立替金等として資産に計上

　仮払金、立替金等は、速やかに整理されるべきものですが、たまたま期末に精算できず、仮勘定として資産に計上することがあります。精算整理できるにも関わらず、整理をしないで仮払金等として資産に残し、次期以降まで整理を繰り延べることがしばしば見受けられます。

　この結果、その分だけ資産が過大に、費用は過小に計上され、利益が

過大になります。

(2)不正計算に関するもの

①費用を前払費用として資産に計上

支払利息、割引料および保険料等の経費をその期の費用とせず、前払費用として資産計上し、次期以降に繰り延べる方法です。

次期以降分の支払利息等を前払費用として計上することは、継続して同じ処理をしている限り、妥当な処理といえます。しかし、次期以降の前払分でもない当期分の費用まで、前払費用とするのは、架空資産の計上ということです。

②開発費などを繰延資産として計上

繰延資産は粉飾をしようとする側にとって便利な科目です。当期の費用として処理すべきものを、開発費等として繰延資産に計上して費用を圧縮し、資産を過大計上すれば、益出しを図ることができます。

将来の発展を競う企業である以上、常に新製品開発のための研究、新規需要の開拓を行うのは当然です。これらの投資効果が実現し、成功したものの開発費を繰延資産として資産計上し、効果の及ぶその後の期間に応分の負担をさせるのは、妥当な処理です。しかしこれに便乗して、当期の費用として処理すべきものを開発費として繰延資産に計上するのは粉飾といえます。

開発費などは本来、企業の健全性からは繰延資産として計上しないか、計上しても早期に償却すべきものと考えられます。したがって、このような繰延資産を多額に計上している会社は"要注意"といえます。

③原材料、貯蔵品等の過大計上

実際に原材料、貯蔵品などを消費して製品を製造したにも関わらず、帳簿上払出しをせず、製造原価（売上原価）を過小に計上し、原材料や

貯蔵品を過大計上して益出しする方法です。

④売上債権の過大計上

　売掛金、受取手形に貸倒が発生しているにも関わらず、貸倒損を計上せず売掛金、受取手形を実態よりも過大計上する方法です。売掛金や受取手形は、相手先が倒産して貸倒が確定した時や、相手先が信用不安で貸倒が見込まれる時は、貸倒損失を計上ないし貸倒見積額を貸倒引当金として計上しなければなりません。

　引当金の設定については、次期以降も継続して同じ基準で引当することが期間損益の正しい把握のために必要です。この引当金を前期と当期で違った基準で設定して引当することは、粉飾ということです。

⑤たな卸資産の評価損の不計上

　たな卸資産に、品いたみ、売れ残り等商品価値のないものが出て、評価損または減耗損を計上すべきにもかかわらず、たな卸資産を過大に評価したままにする方法です。

　たな卸資産の時価（売却時価）が簿価以下になったり、帳簿たな卸と実地たな卸の数量に差異が発生したり、毀損または腐敗したりして、商品価値が低下した場合には、たな卸評価損またはたな卸減耗損として、当期の費用に計上すべきです。これを計上しないと実在しない資産が計上され資産の過大評価につながり、利益が過大に計上されることになります。

⑥費用の資産計上

　交際費、接待費、旅費交通費等、当期の費用として処理すべきものを仮払金等の資産として計上する場合です。これらの費用は当然、当期に費用処理すべきですが、予定利益が出ないため、これらを費用とせず仮払金等の資産勘定に計上して益出しをし、株主や利害関係者の目をごま

かすために利用されることがあります。

⑦交際費等の費用を子会社等に対する資産として計上

　交際費等の費用を子会社、関係会社に負担させ、子会社等に対する未収入金、貸付金等として計上すると、親会社はその分だけ費用を過小に、資産を過大に計上できます。例えば子会社等に不当な広告宣伝費、交際費等を負担させるため、これらの費用を子会社等に振り替えて、貸付金等として計上する場合です。

2 費用の過小計上と負債の過小計上

　費用と負債をそれぞれ過小計上するという粉飾は簡便な方法で取り組みやすいため、広く行われています。

図表 2-8　費用と負債を過小計上する粉飾の手口

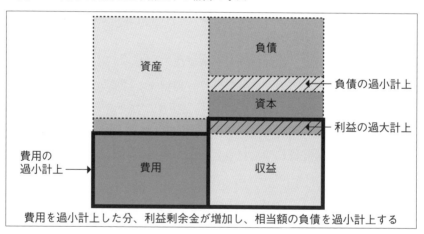

(1)期間損益に関するもの

①確定未払費用の不計上

　販売管理費、支払利息などの費用で、未払だが決算期末に確定してい

る費用を計上しなかったり、過小計上したりして負債を少なく計上する手口です。決算後に予定より少ない利益しか出なかった場合、最終決算にあたり、発生している販売管理費の計上をやめたり、一部のみを計上したりすることが見受けられます。

　期間損益を正しく計算するため、これらの確定している費用、債務は全て計上しなければなりません。

②費用の計上基準を発生主義から現金主義に変更

　上記①は、販売管理費等のある部分（特定の科目）について、決算期末で支払義務が確定している費用の全部または一部を未払費用として負債に計上しないケースです。例えば、販売管理費等の計上基準を発生主義（＝現金のやりとりではなく、取引が発生した時点で会計処理する考え方）から現金主義（＝現金のやりとりが行われた時点で会計処理する考え方）に変更し、前期までは支払の有無に関わらず、債務が認識されたとき（発生の時）に計上していたものを、当期からは現金等の支払時に費用計上するようなケースがこれにあたります。これは費用の発生時期と現金等の支払時の時間的ずれを利用して、費用も負債も過小に計上して利益を捻出しようとするものです。

③費用計上の締切時期の繰上げ

　費用計上の締切を、月末から月の途中（例えば20日）にして、費用を過小に、負債を過小に計上する方法です。

　購入先の請求の締切に合わせ、相手の請求書等により未払を計上することが行われますが、決算にあたって、21日以降購入の10日分を未払として計上しないと、この10日分の費用を過小に、負債を過小に計上することになります。ただし、これを意識的に行わず、毎期同程度の未払費用であり、かつこの方法を継続して行っている場合は特に弊害はないといえます。

④引当金の過小計上

引当金には、次のとおり負債性引当金と評価性引当金の2つがあります。

```
─── （負債性引当金） ───
  ①製品保証引当金
  ②売上割戻引当金
  ③賞与引当金
  ④工事補償引当金
  ⑤退職給付引当金
```

```
─── （評価性引当金） ───
  ①返品調整引当金
  ②修繕引当金
  ③特別修繕引当金
  ④債務保証損失引当金
  ⑤損害補償損失引当金
  ⑥貸倒引当金
```

この粉飾は、各種引当をしなかったり、過小引当をしたりして、退職給付引当金、賞与引当金等を少なく計上する方法です。従業員の退職金は大半の企業が就業規則等で規定しており、必ず退職金を支給しなければならないとされています。

従業員の賞与は、日本の慣習として夏、冬に支給する会社が多いですが、一般的に賞与は給与の一部と見なされ、それをまとめて支払うものと認識されています。決算にあたっては、従業員の労働の対価と考えられる賞与の金額については、賞与引当金として引当計上すべきです。

⑤賃金計算期間と原価計算期間のズレ分の賃金不計上

賃金計算期間（例えば前月21日から当月の20日まで）と、原価計算期間（例えば当月1日から月末まで）の期間的ズレによる未払賃金の計上を無視または過小に計上し、未払費用を少なく計上する方法です。

給料または賃金は、例えば「20日に締めて、25日に支払う」というように、必ずしも計算期間と支払日が月単位で計算されているとは限り

ません。これに対して原価計算は月単位で計算するのが一般的です。

　特別な会社以外、決算期以外の普通の月は、このズレを順送りに送っても問題はありません。ただ、正しい期間損益を出すためには、21日から月末までの10日分の賃金も、決算月には原価計算にこの賃金を算入するとともに、未払費用として計上すべきです。

　以上が、利益を過大計上するための主な粉飾の具体的手法です。この中にも種々の組合せがありますが、その場合は一部科目等が変わるなどで、パターンとしてはこれらと類似したものになるといえます。

3　費用の過大計上と資産の過小計上（逆粉飾）

　費用の過大計上と資産の過小計上（逆粉飾）とは、貸借対照表に資産計上すべきものを、費用として損益計算書に計上する方法です。

図表 2-9　資産を費用として計上する粉飾の手口

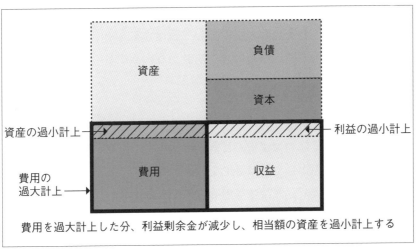

(1)期間損益に関するもの

①減価償却額の過大計上
　固定資産の減価償却を、所定の方法により計算した償却額（償却限度額）以上に計上し、その分だけ固定資産の額を圧縮する方法です。ただし、明らかに固定資産の経済命数が短縮されていたり、機能的に減価したりしている場合は、特別に償却をすることも妥当な処理といえます。

②購入固定資産を費用として計上
　固定資産として計上すべきものと、当期の費用として処理できるものとの区分を無視して、固定資産として計上すべきものを当期の費用として処理する方法です。その分だけ資産を過小に計上し、収益を過小に計上する方法です。

③未使用の消耗品を費用として計上
　期末に未使用の消耗品は貯蔵品として資産に計上し、次期以降に繰越すべきですが、これを当期の費用として処理する方法です。その分だけ資産が過小に計上され、収益が過小に計上されることになります。

(2)不正計算に関するもの

①貸倒損失の過大計上
　売掛金や受取手形等の債権の貸倒見積額を甘く計算し、多額の貸倒損失を計上して、売掛金や受取手形を過小に計上する方法です。貸倒損失として処理した上で、売掛金等のその後の入金を会社に入金せず簿外として処理し、不正に利用される場合があります。

②たな卸資産の評価損の過大計上
　たな卸資産は、その時価が帳簿価額よりも下落した場合に、時価まで

評価を下げることができます。しかし、たな卸資産を時価以下に評価したり、評価損が計上できないものについて評価損を計上したりして、たな卸資産を過小に計上し費用を過大に計上するのは粉飾です。

　また、製品、商品等をスクラップダウンして簿外とし、これを売却して裏金にする場合は、不正計算となります。

4　費用の過大計上と負債の過大計上（逆粉飾）

図表 2-10　費用と負債を過大計上した粉飾の手口

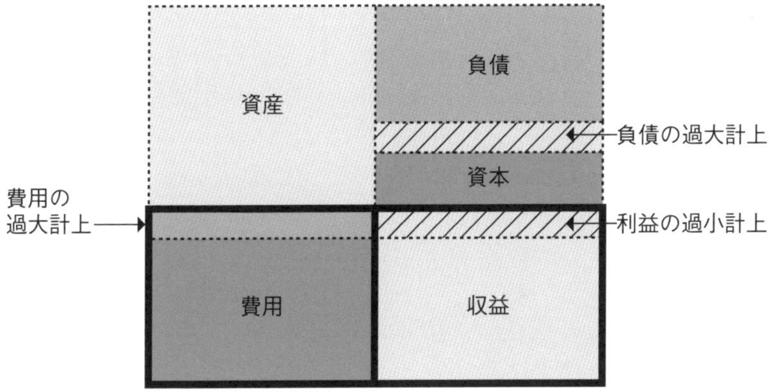

費用を過大計上した分、利益剰余金が減少し、相当額の負債を過大計上する

(1)期間損益に関するもの

①費用の繰上げ計上

　当期の発生経費は、決算期日現在で締め切りますが、実務的に決算の数字はこの決算日1カ月ないし1カ月半後に確定します。したがって、決算日以後の発生経費についてこれを繰り上げて、当期の費用とすることが決算操作上可能です。

つまり、次期の費用となるべきものを当期の費用として損益計算書に計上し、貸借対照表の未払費用として負債に計上し、利益を圧縮することが行われます。

②引当金の過大計上
　各種引当金について、従来から採用している引当基準を変更して基準以上に引当計上する方法です。これら引当金は毎期継続して、同じ基準により設定すべきです。みだりに引当基準を変えて引当金等の増減を図ることは、利益操作となり粉飾につながります。

第3節

資産・負債構成上の粉飾

　貸借対照表を一覧して注目すべきことは、借方の資産構成がどうなっているか、貸方の資本構成がどうなっているかです。資産、負債・資本の関連性、関係がどうかを見ることも大切です。

　貸借対照表の構成および関連を見るためのポイントは、次のとおりです。

1　安全性

　各勘定科目の構成は貸借対照表を借方、貸方の関係（左右の関係）で見ると、資金の運用が借方に、調達が貸方に、長短両資金の性格に応じて対応表示されています。また、上下の関係で見ると、自己資本と固定負債で固定資産が調達され、その基礎の上に、流動資産と流動負債があって、日々の営業活動が営まれています。

　このため企業の安全性、安全運転のためには、資産・負債・資本のバランスが取れていることが大切です。バランスが崩れた具体的症状としては、借方では売掛債権、たな卸資産、固定資産への過大投資、貸方では他人資本（負債）の過大と自己資本の過小があげられます。

　具体的には、次の点に留意して見る必要があります。

　①資産内容はどうか。回収不能の売上債権、売り物にならない製品・商品の在庫の有無、使用できない原材料・貯蔵品があるか、これらの資

産が架空計上されていないかどうかに注意します。さらに資産の評価方法は適切か、貸倒引当金等の引当金がどの程度積み立てられ、突発的な事態に十分な備えができているか、固定資産や繰延資産の償却が適正に行われているか、簿外負債がないかなども確認します。

　②流動性は十分であるか、支払債務に対し、常時支払に応じ得る支払手段を保有しているかどうかを確認します。

ケーススタディー⑤（粉飾倒産事例から）――――――――――――

　令和最初の年明け間もない 2020 年、Ｆ社が民事再生法の適用を申請した。地元県内で 50 億円を超える倒産は約 10 年ぶりとされ、地場老舗企業の"突然の破綻"は関係者や地元経済界で驚きを持って受け止められた。

　Ｆ社は和洋紙の卸売りを手がけ、社長の人脈を生かして販路を構築していった。他方で、家具・事務機器の販売、パチンコホールの経営、ミネラルウォーター宅配と事業領域を拡大。県内の紙卸商では当社と比肩する規模の同業者はなく、ひときわ存在感を示していたが、転機が訪れたのは「パチンコ業への進出」であった。

　約４億円を投じてパチンコ店を開店したのを皮切りに、新会社を設立して次々とホールをオープンした。ピーク時の年売上高は約 93 億円（95 年６月期）に達し、このうちパチンコ事業が売上高全体の６割を占めるまでに拡大。しかし、売上拡大に寄与していたが、パチンコ事業は投資に見合うだけの収益を生み出せず、経営の足を引っ張っていた。

　投資拡大にあわせ、銀行からの借入金は膨らみ続けた。県内のほ

ぼ全ての金融機関から融資を受けるなど取引行の数も増え、ピーク時の借入金額は60億円近くに達していた。パチンコ事業で発生した損失が発覚すれば、「融資の審査が通りにくくなるため、粉飾に手を染めた」とみられる。

　決算書は「（A）金融機関用」と「（B）税務申告用」の2種類が存在し、「（A）金融機関用」の決算書では、償却不足にもかかわらずフル償却したように装い、子会社に対する貸付金や未収金などの不良資産をオフバランス化し、金融機関別に借入金の残高を改ざんして借入総額を少なく計上していた。

　他方、「（B）税務申告用」の決算書では、金融機関からの借入金を全額計上していたものの、架空売上の計上や減価償却、貸倒損失などの処理を行わず、資産として残す方法で黒字に見せかけていた。30年以上にわたってこうした不適切な会計処理を続け、金融機関からは「収益性は高くないものの、自己資本比率の高い『正常先』の企業」と位置付けられていたという。

　事態が急変したのが2019年末。融資している金融機関同士のやり取りの中で、お互いの決算書の内容が異なっていることが判明し、長年にわたる粉飾の手口が明らかになった。その後、私的整理によるソフトランディングの方向も検討されたが、10行を超える金融機関の足並みは揃わず、民事再生法申請に追い込まれた。資産を時価評価して作成された非常貸借対照表では「約35億円の債務超過」に陥っていた。

　F社は、丁寧な対応ぶりから顧客の評判は良く、「なくなると困る」企業として評価されていた。多大な被害を被ったのは「県外の大手仕入先」と「金融機関」であり、地元では今後の供給体制を懸念す

る声が広がった。幸いなことにスポンサーが現れて事業は譲渡され、従業員の雇用は守られた。多額の利息を支払いながらも資金繰りが回っていたことは、一定の収益性を保っていたことを意味し、粉飾決算さえなければ今もF社は存続していたかもしれない。

2 成長性・収益性

　現在の安全性が高くても、企業に成長性がなく、収益性が悪いと、やがては財政状態が悪化し、安全性が保てなくなります。成長性、収益性は、貸借対照表と損益計算書をあわせて検討することにより、はじめて的確な判断ができます。

　繰延勘定は、次期以降の損益に重大な関係をもっています。すなわち不良資産、架空資産が多額に計上されていると、これらは次期以降の損益に大きく影響することになります。

3 安全性の粉飾

　企業の安全性の検討には、次の比率分析が使用されます。

$$① \quad 流動比率 = \frac{流動資産}{流動負債} \times 100$$

$$② \quad 当座比率 = \frac{当座資産}{流動負債} \times 100$$

$$③ \quad 固定比率 = \frac{固定資産}{自己資本} \times 100$$

$$④ \quad 固定長期適合率 = \frac{固定資産}{自己資本＋固定負債} \times 100$$

$$⑤ \quad 負債比率 = \frac{負債}{自己資本} \times 100$$

　安全性の粉飾とは、分析の結果算出される数値を、実際より良く見せようとするための粉飾です。そのためには、次のような粉飾の手法が考えられます。

・固定資産を流動資産に振り替えて表示する

・たな卸資産を当座資産に振り替えて表示する

・流動負債を固定負債に振り替えて表示する

・流動資産の一部と流動負債の一部を相殺して表示する（例えば、預金と借入金、仮払金と仮受金、売掛金と買掛金や前受金、受取手形と支払手形の相殺等による表示）

4　表示をよく見せるための粉飾

　経営者として、見せたくない科目、具合の悪い科目の表示を避けるために行われる粉飾です。これには次のような手法があります。

・簿外の借入金で架空の売掛金の入金とする

・不良売掛債権と支払債務を相殺表示する

・売掛金と前受金を相殺表示する

・仮払金、役員に対する貸付金などを、その他の流動資産や固定資産に振替える。または支払債務と相殺して表示する

ケーススタディー⑥（粉飾倒産事例から）

　2016 年 3 月、中堅食品の輸入販売業を手がける G 社が自己破産を申請した。慌てた金融機関、何も知らされていない取引先、営業を続ける従業員。まさに "突然死" であった。

　G 社は、一流ブランドの輸入食品やキャラクター商品など、幅広い商材を多数取り扱っていた。バブル期に高級な輸入食品が世間に

浸透し、「ワイン消費」が急増すると業績は右肩上がりとなり、ピーク時の90年1月期には年売上高約151億円を計上していた。

　しかし、バブル崩壊以降は高級品の需要が伸長せず、G社の主力得意先であった百貨店の低迷やディスカウントストアの台頭もあって売上は落ち込んだ。この間、主要得意先の某百貨店が民事再生となり大口の受注先を失うなど、年売上高は約78億円とピーク時の半分に落ち込んでいた。

　起死回生を図るべく、売上回復に向けて経営資源をシフト。手がけたのは小売事業で、百貨店やアウトレット内に直営店の出店を加速させた。この施策が奏功し、15年1月期の年売上高は約98億5300万円に回復。この間、金融機関からの資金調達を積極的に行い、取引金融機関も18行を数えるまでになっていた。

　「決算書類や事業計画などの情報開示も良好。この低金利の時代に『1.5%〜2.0%』の金利で借りてくれる貴重な融資先」と取引金融機関は評していた。しかし、実際の内情は"火の車"で、約30億円の簿外債務が明らかとなる。

　主な粉飾の手口は、銀行ごとに複数の決算書類を作成し、借入残高を過小に見せるというものだった。G社が金融機関へ提出していた決算書類は「全行ほぼ同じもの」で、取引銀行数も「同一」だった。

　しかし、銀行ごとに異なる「銀行取引明細」を提出していたという。作成された銀行取引明細は10を超え、取引銀行の借入残高を明細上で細かく操作して債務を過少申告し、30億円近くにまで膨

らんだ簿外債務により運転資金を捻出していた。

　粉飾決算の端緒に気づいた一部の金融機関が、運転資金の融資を見合わせたことでG社の資金繰りは急速に悪化した。取引先への支払い遅延が複数発生し、ほどなく自己破産申請に追い込まれた。

　G社が裁判所に提出した申立書によると、「30億円近くある」とされていた手元資金は「2億5000万円」ほどしかなく、「50億円内外」とされていた借入金は「86億円」にのぼり、債務超過額は「80億円」と大きく乖離していた。

　「大口得意先の倒産で経営が苦しくなった。その教訓から手元資金を手厚くしておきたい」「様々な地域に顧客を持っており、金融機関が持つ独自の地域情報を活用したい」という口実で融資を受けていたという。一方で、預金や借入金の残高証明書の提出には「絶対に応じようとしなかった」というのは"ある種のサイン"だったのかもしれない。

　取引金融機関の格付は「正常先」で、金融機関の評判も良好だったG社の倒産。15年におよぶ粉飾決算の末の倒産は、関係者に深い不信感と憤りを残した。

第4節
複数決算書による粉飾3パターン

1 粉飾決算のパターン

　前節末尾の「ケーススタディ」で紹介した倒産事例のように、複数の異なる決算書類を作成し、金融債務を簿外化することで負債を少なく見せる粉飾手法が、全国的に銀行やリース会社を標的として横行しています。この目的は、債務過多の実態を良好な財務体質に見せかけて資金調達を円滑にし、資金繰りを楽にすることにあります。細かく分けるといくつかのパターンがあることが見えてきます。

　以下ではこのうち主な3パターンを紹介します。

(1)パターン① 借入額調整型

　貸借対照表は「1つ」、取引金融機関数は「同一」で、借入額だけを「過少」に見せる方法です。

　金融機関からすると、取引金融機関数や金融機関名は同一なだけに、金融機関同士で借入金額をすり合わせないと見破れません。このため、複数の決算書類を作る粉飾手法の中では「高度なもの」といえます。

　粉飾する企業側には、この難解なパズルのような書類作成を地道にやっていくことが求められます。実際に前述の「ケーススタディ」で紹介したG社では、長年にわたり公認会計士が銀行取引明細のみならず、

資金調達計画表や試算表などの書類作成に関与していたことが判明しています。

(2)パターン②　銀行組替型

　貸借対照表は「1つ」、取引金融機関数と借入総額をともに「過少」に見せる方法です。

　この手法は、複数の決算書類を作る粉飾決算では「最もオーソドックスな手口」といえます。貸借対照表は1つしかなく借入総額はすべて同じですが、銀行取引明細に載っている金融機関名と借入額を組み替えて簿外債務を生み出すというものです。

　パターン①と異なり、取引金融機関を組み替える（増減させる）ことで、取引金融機関数と借入金をともに過少に申告します。このため、新たな金融機関と取引を開始して金融債務が増えたとしても、新規金融機関との取引そのものを簿外化してしまえば、表面的な数値には影響が出ません。

　パターン①に比べて、勘定科目明細を操作すればいいため、粉飾書類作成の手間は少なく、取引金融機関数を際限なく増やせる意味では、粉飾する側からすると効率がいい手法といえます。

　一方で、金融機関側からすると、互いに取引を認識していない金融機関が多数出てくるため、何かの拍子に金融機関が違和感を覚え、粉飾が露見する可能性があります。

　過去には次のようなケースもありました。

　取引銀行の担当者が会社を訪ねると、取引のない（はずの）銀行の社章をつけた人物と社長が談笑しながら応接室から出てくる姿があったのです。この出来事がきっかけとなり、その担当者は粉飾決算を疑い始めたということです。

　2023年に話題を集めた粉飾事例（負債300億円超を抱えて破綻）においても、このパターン②の銀行組替型を使っていたといわれています。

(3)パターン③　ランダム型

　貸借対照表、取引金融機関数、借入総額の全てが「異なる」というパターンです。

　パターン③は、貸借対照表、銀行取引明細など全てがまったく異なる決算書類を作成し、金融機関から借入を行うというものです。銀行取引明細のみならず貸借対照表も複数あり、パターン①や②のような規則性はほとんどありません。

　取引金融機関ごとに金融機関数や金融機関名、借入総額すら異なるため、代表や経理担当者は、決算説明や調達計画の話を、その都度作り込まなくてはなりませんが、書類作成時は金融機関ごとに整合性をとる必要はありません。

　そういう意味では上記２つのパターンに比べ、粉飾決算書類の作成が「最も容易」といっていいと考えられます。一方で、不整合な点が多い分、露見する可能性は高いといえます。また、調査会社による信用調査に対して「損益数値の開示はあるが、財務や銀行取引についての開示が積極的ではない」のもこのパターンの特徴と言われています。

2　パターン別「見破るポイント」

　一口に「複数の決算書を作成して金融債務を簿外化する」といっても様々なパターンがあります。粉飾企業側は、それぞれのパターンによって書類作成の手間や財務知識、金融機関への対応などが大きく異なってきます。

　このため、金融機関や取引先企業が"粉飾決算を見破るポイント"も変わってきます。例えば、パターン①「借入額調整型」は資料作成が難解なため、急な資金調達や突発的な資料提出に弱いという特徴があります。パターン②「銀行組替型」は、突然の来訪や関係者が集まるイベン

ト、資金使途の明確化を求めたときに発覚することが多いといえます。パターン③「ランダム型」は、運転資金と借入水準、預金取引、給与振込口座、社債取引などに不自然さが表れることがあります。

　2005 年 4 月に個人情報保護法が施行されたこともあり、それまでよりも取引金融機関同士での内容の"突き合わせ"が難しくなったため、企業側が金融機関ごとに異なる決算書類を提出して資金を調達することが容易になっています。金融機関の「コンプライアンス意識の向上」が、粉飾決算という「コンプライアンス違反を助長する環境」を作っていることはなんとも皮肉な話です。

　実は、これらの手法は 08 年〜 10 年頃に倒産した企業でも数多く見られ、その後も毎年のように発覚しています。つまり粉飾手法として、決して新しいとはいえないのですが、近年の金融機関の担当者は提出された決算書を根本から疑うことは少ないため、自金融機関の決算書チェックシステムを通過してしまえば、これといった看破策がないのが現状です。

　現在でも、この粉飾手法に手を染めて、資金調達を繰り返しながら生きながらえている企業がいくつもあります。「融資詐欺」ともいえるこの手法によってもたらされる、金融機関の資産散逸と機会損失は計り知れません。このような粉飾手法が横行すると、粉飾を行っていない誠実な企業に対する金融機関の融資姿勢までも硬化することになりかねません。

　つまり、このような粉飾決算の被害者は、「粉飾企業の債権者」だけではないことを、金融機関の担当者は忘れてはなりません。

第 **3** 章

決算書類等の分析による
粉飾の発見方法

先輩社員：第2章では「粉飾決算のパターン」を学んできましたが、いかがでしたか。

新入社員：決算書がどのような意図で粉飾されるのかや、粉飾された決算書の特徴がよく分かりました。粉飾決算をきっかけとした倒産事例も紹介されていたので、身が引き締まる思いです。

先輩社員：金融機関としては、融資申込時において決算書が粉飾されていないかを検証することが重要ですが、すでに取引のある融資先から頂戴する決算書に粉飾が隠されていないかを検証する姿勢も非常に重要です。

新入社員：いったん粉飾決算を始めてしまうと、次期以降も粉飾決算で取り繕わざるを得なくなり、最終的に露見して倒産に至ってしまうケースも多そうです。粉飾をし始めるということは、何らかの要因で経営が苦境に陥っているわけですから、金融機関としては、まずは苦境に陥っている要因を把握して、何らかの支援の手を差し伸べたいですね。

先輩社員：金融機関は、日常的に企業の経営者と接することがありますし、定期的に決算書を精査する機会があります。そうであれば、粉飾決算のきっかけとなるような事象が企業側に起きていないかを確認したり、頂戴した決算書が粉飾されたものでないかを確認するべきです。もし、粉飾決算の可能性があるのなら、粉飾に至った背景を確認し、経営支援の方向性を模索するなどのアクションにつなげることが大切です。

新入社員：粉飾決算をせざるを得ない状況であっても、その状況を早期に発見できれば、経営支援もうまく進みそうです。融資先企業が深刻な事態に陥らないためには、私たちがきちんとした目線で決算書をチェックすることが重要なのですね！

先輩社員：そのとおりです。そこで第3章では、粉飾決算を見抜くための決算書分析のポイントを解説します。

粉飾発見のための財務分析

1　分析の用意と手順

(1)財務分析による粉飾の発見

　外部から、会社の財務諸表の粉飾を発見しようとするには、

イ．集められる資料に制限があり

ロ．会社に立ち入って調査することができない

ハ．ある程度の会計の知識はもっているが、専門家ではない

等の制約があり、粉飾の実態解明が難しい場合が多いものです。このた
め本格的な粉飾の発見は、会計専門家の詳細な調査によらなければなり
ません。

　本書の読者は金融機関行職員等の実務家を想定していますから、限ら
れた資料の中で、外部から財務諸表を分析する場合を前提に、決算粉飾
の発見方法を解説していきます。

　粉飾の発見といっても、本書では粉飾の具体的事実発見のための前作
業、すなわち粉飾が潜んでいると思われる場所の見つけ方を主題にしま
す。粉飾の潜んでいる場所が抽出できれば、実態解明のため会社にさら
に詳しい資料の提出を求めたり、社長や経理担当者に質問したりするこ
とができ、具体的な粉飾事実の解明に結び付くと考えられます。

(2)分析にあたって用意する資料

　集められる資料としては、次のものが考えられます。これらを可能な限り多く集めることが大切です。

イ．会社経歴書等会社の概況が分かるもの

ロ．調査会社による信用調査報告書

ハ．少なくとも３期分の決算報告書

ニ．上場企業等の場合は、少なくとも３期分の有価証券報告書

ホ．上記決算に基づく税務申告書の控え（修正申告書含む）（税務更正を受けた場合は、税務署の更正決定通知書）

(3)分析の順序

　分析の効果を上げるためには、適切な順序で分析手続を進めることが大切です。

　一般に、次の順序で行われます。

① 　会社経歴書、調査会社等の調査報告書、有価証券報告書等から会社の概況、事業の概況、営業の状況および設備の状況等を見て、会社の概況を把握します。

② 　有価証券報告書を提出している会社は、経理の状況の項をよく検討します。特に損益計算書の特別損益および財務諸表の脚注事項を見て、期間外損益の状況および会社の会計処理、会計手続の要領を理解します。貸借対照表と損益計算書の前期と当期の増減に注目し、大きく変動している科目を抽出します。

③ 　税務申告書および更正決定書により、会社計算と課税所得の違いを把握します。

④ 　決算報告書（または有価証券報告書）より分析用のシートを作成し、次の順序で分析を行います。

イ．貸借対照表、損益計算書、製造原価報告書等の各科目の構成比を算

出し、会社の財政状態および経営成績の構成状態を把握します。

ロ．上記財務諸表の科目ごとの趨勢比率を算出し、比較検討します。こ
　れによって会社の業績の上昇または衰退傾向をつかみます。

ハ．分析比率を成長性、収益性および安全性の3つのグループに分類し、
　それぞれの比率を算出したうえで、比率グループごとの相互の関連、
　グループ相互の関係を分析します

ニ．以上の分析の結果、構成、趨勢で異常数値を示す比率を抽出し、そ
　の比率の意味するものを把握します。

ホ．上記分析でとらえた問題点の分析のため、会社に必要な資料の提出
　を求めます。

2　粉飾の発見につながる比率分析

(1)構成比率

　構成比率とは、百分比貸借対照表および百分比損益計算書を作成して、
各科目の構成を比率として表すものです。

①百分比貸借対照表

　貸借対照表の借方、貸方それぞれの合計を100%とし、資産、負債お
よび資本などの各科目の金額を百分比で表します。

　貸借対照表に表示された金額の絶対値のみだと、往々にして誤った判
断をする場合があるものです。これを百分比で補うことにより、具体的
な実態把握につながります。借方または貸方の合計額がそれぞれ100%
ですから、貸方をみると、負債、資本の各科目の比率はそのまま総資本
に占める構成比を示しています。同じ負債でも流動、固定の各負債の割
合、あるいは資本金、剰余金等の総資本に対する構成割合も把握できま
す。一方、借方も流動、固定の各資産が百分比で算出されるので、総資

産と比較した構成割合が把握できます。

　この百分比貸借対照表を過去の期と比較したものを作成すると、単純な金額比較による比較貸借対照表とは異なったとらえ方ができます。各資産、負債の前期との変動が実数と構成比で分かり、資本構成や資産構成の相対的な大きさの変動を読みとることが可能となります。

　このほか、百分比貸借対照表を、同業他社等のものと比較すると、実数で比較するより、企業規模の相違が除かれて分かりやすくなります。

②百分比損益計算書

　売上高を100％とし、売上原価、販売費および一般管理費、経常利益等の損益計算書の各科目の金額を、売上高に対する百分比で示したものです。売上高に対する、①売上総利益、②営業利益、③経常利益、④税引前利益、⑤当期純利益の5つの利益の関係が百分比で明瞭に示されます。このほか、損益計算書の各項目の構成比を明確に読みとることができます。

　百分比損益計算書は、百分比貸借対照表と同じく、企業規模の相違による差を取り去って、百分比で比較できます。したがって、その会社の百分比損益計算書を同業他社等と比較することにより、他社と比べて売上原価の比率が高いとか、販売費、一般管理費の割合が低いとか、経営効率を比較できます。

　過去の期との比較をすることにより、原価低減の努力の成果や、5つの利益の変化状況が把握できます。

③百分比製造原価報告書

　売上原価は、期首製品たな卸高に、当期製品製造原価を加え、期末製品たな卸高を差し引いて求めます。この当期製品製造原価の内訳を表示したものが製造原価報告書です。

　百分比製造原価報告書は、当期製品製造原価を100％とし、材料費、

外注加工費、労務費および製造経費等、製造原価報告書の各項目の金額を、当期製品製造原価に対する百分比で示したものです。これによって製造原価の各項目の構成比が読みとれます。

　百分比製造原価報告書は、百分比貸借対照表および百分比損益計算書と同じく、企業規模の相違による差異を取り去って、他社と百分比で簡単に比較できます。また、過去の期のものと比較することにより、原価低減または原価高騰の状況とその内容がよく分かります。

(2)趨勢比率

　趨勢比率とは、会社の数期間の数字を比較するものです。最初の期の各科目の金額を100%とし、次の期以降の対応科目の金額を百分比で表したものです。

①貸借対照表の趨勢比

　数期間の貸借対照表を比較するにあたり、最初の期の各項目、例えば流動資産を100%とした場合、次の期の流動資産が110%になるといった具合に、最初の期を基準にして作成するものです。

　趨勢法を用いると、数期間の貸借対照表の各科目の金額の変動を見るのに便利です。特に負債や固定資産の増加傾向等、会社の重要な資産、負債の動向を見ることができます。

②損益計算書の趨勢比

　比較損益計算書は、実際の金額によって科目別に増減を見るものです。趨勢比は、ある期の各科目の金額を100%として、次の期の各対応科目について百分比を算出して比較する方法です。趨勢法では、数期間の損益計算書の各科目の増減が比率で表示されるので、売上高、売上原価、利益等の数期間にわたる比較が容易となります。

(3)比率分析

　この他の比率として相対比率、すなわち資産対負債の比率や、損益計算書科目対貸借対照表科目との比率があります。これらの比率を使い、会社の経営成績および財政状態の分析を行うことを比率分析といいます。

　比率分析は、相互に関係のある科目の金額から比率を求めて、経営成績および財政状態の判断基準とします。貸借対照表、損益計算書および製造原価報告書について、財務諸表相互の関係数値を分母、分子として比率を算出します。

　実際の金額比較（実数比較）のみとすると、企業規模が違うという理由だけで、基礎的な数値が変わってくるため、他社と比較して良否を判断するのに不便ですし、変動の傾向がつかみにくくなります。一方、比率分析だけでは実態がつかめず、実数にさかのぼって検討しなければならない場合も多いです。このため、実数比較と比率比較と合わせて分析するのが適切です。

(4)分析にあたっての留意事項

　財務諸表の正しい分析を通じて企業の実態を把握するために留意すべき点は、次のとおりです。

- ・分析方法や分析比率は種々あるので、対象企業の業種や規模、分析の目的や問題の所在等に応じ、適宜組み合わせて利用することが大切です。ただし適宜といっても、何から手をつけるべきか、一定の順序を定めておくことが必要です。一定の順序で、全体から部分へと分析を進めていくことで、特に掘り下げて検討すべきことも発見されます。
- ・個々の比率にこだわらず、算出された比率を総合的に組み合わせて判断します。異常と思われる比率が発見されたら、実数で裏付けるなどして、比率の意味するところを再検討します。

・比率分析にあたっては、分母、分子とする数値の性格を考え、対比して意味があるかどうかを検討します。
・同じ取引について、会計処理、会計手続にいくつかの選択できる処理、手続があるので、同業他社の比率と比較する場合、会計処理、会計手続の違いについて十分考慮します。
・同業他社等との比較の場合、比率の算定基礎である科目が同じ基準で設定されているか注意します。
・貸借対照表の科目について比率を算出する場合、借方、貸方に両建計上されている対応勘定の金額を、両建のままで計算するか、相殺後で計算するかにより、比率の上がり方、下がり方に差が出てきます。元の比率が100％以下の時、両建計上分を相殺して計算すると、比率はかえって低下します。この操作は、しばしば比率の粉飾に利用されます。
・比率では、大勢や傾向が分かればよいので、小数点以下までというように、細かく計算する必要はありません。
・金額を表面的にとらえないようにします。同じ売上高100億円でも卸売業と製造業では、金額達成の難易度は大きく異なります。
・同業数社の平均数字と比較して、すぐに良否の判断を下さないようにします。数値は標準数値と考えられがちですが、あくまでも1つの目安と考えるべきです。

3　比率の分類

　経営分析に利用される比率は、性質や利用目的から様々な分類方法があります。この比率を粉飾発見のための道具として使う立場から分類すると、次の3つのグループに分けられます。
・成長性分析のための比率
・収益性分析のための比率

・安全性分析のための比率

　以下では主な比率をグループ別に分けて、比率の意味や判断のための着眼事項を説明します。

(1)成長性分析のための比率

①成長性分析の重要性

　貸借対照表、損益計算書の分析では、収益性の分析、安全性の分析にとどまらず、成長性の分析も同様に重要視されてきました。収益性の向上も、成長性の裏付けがあってはじめて可能になります。企業の成長性をとらえるには、少なくとも2期間以上、できるだけ長期にわたっての成長率や数年間の成長倍率を見ることが必要です。これによって成長の傾向を把握できます。

②成長性のとらえ方

　企業成長の指標に何をとるかについては、さまざまな考え方があります。一般的には、次のような指標が使われます。

　　・売上高増加率　　　・生産高または加工高増加率
　　・総資本増加率　　　・固定資産増加率
　　・自己資本増加率　　・税引前利益増加率
　　・純利益増加率　　　・従業員増加率等

　これらのうち最も多く利用されるのが、「売上高増加率」「自己資本増加率」「従業員増加率」等です。

③成長性比率の一般的傾向

　各種の成長性比率は、企業規模の拡大とともに低下傾向を示します。企業規模の小さい時ほど成長率が大きく、次第に成長率は鈍化していきます。企業規模が小さく、基礎数値の小さいうちは、2倍、3倍の成長はよくあるものです。そして、企業規模が大きくなり、基礎数値が大き

くなるにつれ、２倍、３倍の成長というケースは稀になるのが通常です。

　成長性の比率の伸びには、成長順位があります。成長は、どの比率も一律に２倍に伸びたりするものではなく、成長の早い比率もあれば、成長の遅い比率もあるのです。また、業種の特殊性によっても差異があります。

　成長順位を早い順に並べると、一般に次のようになります。

　1．固定資産

　2．総資本

　3．利益

　4．売上高

　5．自己資本

　6．従業員数

④主な成長性比率

　主な成長性比率の考え方と着眼事項は次のとおりです。

イ．売上高増加率

$$売上高増加率＝\frac{当期売上高}{前期売上高}$$

　分母、分子とも原則として年間売上高とします。

　売上高増加率の着眼事項は次のとおりです。

・扱う品目の構成の変化によって、売上高増加率が変わることがあります。例えば利益の少ない品目を減らし、利益の多い品目に売上の重点をおくと、増加率が鈍っても（または低下しても）、利益増加率が高くなる場合があります。利益増加率とあわせて検討する必要があります。

・率が高いほど一応よいと判断できます。急激な成長は原因、理由を調べる必要があります。

・増加率の低下、特に毎期変動の激しい場合は、注意する必要があり

ます。

・企業の規模拡大により増加率は鈍化するのが通常です。

・売上は長期的には、売上高絶対額の増加、増加率の低下という形で推移します。増加率が低下しても、絶対額の増加があるうちは安心といえます。

ロ．総資本増加率

$$総資本増加率＝\frac{当期末総資本}{前期末総資本}$$

　総資本増加率は、企業規模を表す指標として、成長指標を算出するとき必ず利用される指標の1つです。

　総資本増加率の着眼事項は次のとおりです。

・成長指標というよりは、企業規模を表す指標です。

・一般的に総資本増加率は、売上高増加率を超えて増加する傾向があります。

・総資本増加率は、利益増加率より大きくなる傾向があります。

・利益増加率は、売上高増加率より大きくなる傾向があります。

ハ．固定資産増加率

$$固定資産増加率＝\frac{当期末固定資産}{前期末固定資産}$$

　固定資産増加率は、無形固定資産や投資その他の資産を含めた総固定資産の成長率よりも、有形固定資産の成長率が重要です。しかし大多数の企業では、固定資産に占める有形固定資産の割合が大きく、固定資産増加率がそのまま有形固定資産増加率を示していることが多いので、この指標を把握することで十分です。

　固定資産増加率の着眼事項は次のとおりです。

・業種にもよりますが、固定資産の先行投資が総じて成長の原動力と考えられるため、この増加率が成長性の比率として重視されます。固定資産への投資は成長の条件であり、企業の成長性をうかがうた

めには、固定資産の増加状況を見ます。固定資産投資がなければ、減価償却の分だけ固定資産は減少していきます。

・固定資産投資が売上高の増大につながるものでなければ、固定資産への過大投資になり、投資の失敗として命取りになることがあります。つまり、売上高増加率とあわせて検討する必要があります。

・一般的に固定資産増加率は、売上高増加率より高くなる傾向にあります。

・成長の過程では、固定資産増加率は総資本増加率より高くなる傾向があります。

二．自己資本増加率

$$\text{自己資本増加率} = \frac{\text{当期末自己資本}}{\text{前期末自己資本}}$$

　自己資本増加率は、自己資本の充実度合を示す比率です。自己資本の充実が企業の成長発展についていけず、他の成長指標より増加率が低いのが現状です。

　自己資本増加率の着眼事項は次のとおりです。

・自己資本の増加が、増資や内部留保の増加で着実に伸びていることが重要です。

・一般的に総資本増加率に比べ、自己資本増加率は低い傾向にあります。

・一般的に自己資本増加率は、固定資産増加率の伸びに及びません。したがって、固定比率（自己資本に対する固定資産の割合）は悪化傾向を示すことになります。

ホ．利益増加率

$$\text{利益増加率} = \frac{\text{当期利益}}{\text{前期利益}}$$

　この増加率の分母と分子に、当期純利益のほか、営業利益、経常利益および税引前利益等をとることがあります。それぞれの増加率を見るこ

とも、成長性判断に有効です。

　利益増加率の着眼事項は次のとおりです。

- ・利益増加率は、他の成長率同様、企業規模の拡大により低下する傾向にあります。
- ・利益増加率は高いほどよいと判断されます。
- ・成長が順調な場合、利益増加率は売上高増加率より高くなる傾向にあります。
- ・売上高増加率がマイナスになる時は、逆に売上高減少率以上に利益減少率は大きくなります。増収増益の時は、通常は増益率が増収率を超え、減収減益の時は、減益率のほうが大きく減収率を上回る傾向が見られます。この傾向は、総費用のうちに占める固定費の割合が高い企業ほど大きく現れます。
- ・一般的に利益増加率は総資本増加率を下回ります。
- ・利益増加率は、自己資本増加率より低いのが一般的です。経営が順調な時は利益増加率が高くなるのが普通です。

ヘ．従業員増加率

$$\text{従業員増加率} = \frac{\text{当期末従業員}}{\text{前期末従業員}}$$

　企業の従業員数は、売上高や資本金とならび、企業規模を示す３大指標の１つとされます。一般的に、企業の成長に従い、従業員数は増大する傾向にあります。

　従業員増加率の着眼事項は次のとおりです。

- ・一般的に、この増加率の高い企業が成長企業といえます。
- ・固定資産と同じく、過大な増加は収益低下の危険性をはらんでいます。
- ・合理化、省力化の進み具合を考慮して判断します。
- ・従業員増加率は、売上高増加率、資本増加率より低いのが好ましいといえます。この状況は、１人当たりの効率性の上昇を示してい

す。

・従業員増加率は、固定資産増加率より低いのが通常です。機械化や
DX 化による合理化、省力化傾向が進めば進むほどこの傾向が顕著
に現れます。

(2)収益性分析のための比率

財務諸表の見方で一番重要なのは収益性です。この収益性分析では、

・利益の絶対額

・増益か減益か

・資本利益率

が問題になります。この資本利益率の測定を種々の角度からするため、
次に述べる収益率、回転率による分析を行います。

①主な収益率

イ．売上高対売上総利益率

$$売上高対売上総利益率 = \frac{売上総利益}{純売上高} \times 100$$

売上高と売上総利益の比率で、粗利益率ともいわれます。販売費およ
び一般管理費、支払利息などの経費は、この売上総利益の中から支払わ
れます。この利益率の高低が結局、当期純利益にまで大きく影響を及ぼ
します。

売上高対売上総利益率の着眼事項は次のとおりです。

・利益率の差は当期純利益に大きな影響を及ぼします。

・利益率が異常な時は、売上高に粉飾はないか、売上原価が過大また
は過小ではないかを検討します。

ロ．売上高対営業利益率

$$売上高対営業利益率 = \frac{営業利益}{純売上高} \times 100$$

営業利益は、売上総利益から販売費および一般管理費を差し引いたものです。そして、通常の営業活動の結果、獲得された利益です。

売上高対営業利益率の着眼事項は次のとおりです。

・この比率が前期より低下している場合、原因は売上総利益率の低下か、販売費および一般管理費の上昇のどちらかです。これらのどちらに原因があるのかを検討します。

ハ．売上高対当期純利益率

$$売上高対当期純利益率 = \frac{当期純利益}{純売上高} \times 100$$

企業の目的は、最終利益すなわち当期純利益の追求にあります。仮に売上総利益率が高い、営業利益率が高いといっても、最終的に処分可能な純利益が少ないのでは何にもなりません。その意味では、売上高利益率の中で最も重要な比率が、この比率といえます。

売上高対当期純利益率の着眼事項は次のとおりです。

・前期より低下している場合、原因は売上総利益または営業利益の低下、営業外費用の上昇のどちらかです。

・売上高対営業利益率が前期と比べて変化がないとすると、営業外費用が過大または過小でないかを検討します。

二．総資本当期純利益率

$$総資本当期純利益率 = \frac{当期純利益}{総資本} \times 100$$

企業の収益力を見るためには、資本利益率が最も大切な比率です。総資本利益率は、各種の資本利益率の中でも特に重要な比率です。利益を税引前とするか、当期純利益とするかにより、総資本税引前利益率、総資本当期純利益率に分けられます。

なお、総資本当期純利益率は、次のような式に置き換えられます。

$$総資本当期純利益率＝\frac{純売上高}{総資本}×\frac{当期純利益}{純売上高}$$
$$＝総資本回転率×売上高対当期純利益率$$

すなわち総資本当期純利益率は、総資本回転率と売上高対当期純利益率に分解されます。

総資本当期純利益率の着眼事項は次のとおりです。

・企業規模の拡大により、一般的には低下傾向を示します。

・総資本純利益率の低下は、総資本回転率の低下か、売上高対当期純利益率の低下、および両方の低下が原因と考えられます。

・総資本回転率の低下は、総資本を構成している現預金、売上債権、たな卸資産、固定資産等の回転率の低下に原因があります。

・一般に製造業は固定設備を要し、製造に時間がかかるため資本の回転は遅いですが、その代わり利幅があります。卸売業は資本の回転が早いですが、代わりに利幅が少なく、使用資本に対しての利益率は製造業より低くなります。

・当期純利益が少ない時は、総資本回転率が低いためか、売上高対当期純利益率が低いのか検討します。総資本が大きすぎるのか、架空負債の有無について、資本構成比率を検討します。

ホ．自己資本利益率

$$自己資本利益率＝\frac{当期純利益}{自己資本}×100$$

自己資本利益率は、企業収益の総指標ともいえるものです。この利益率の高い企業は収益力がよく、低い企業は収益力が低いと判断できます。

自己資本利益率の着眼事項は次のとおりです。

・高ければ高いほどよいと判断できます。

・自己資本構成比率の低い会社の場合、この比率はやや有利に表れます。

・企業規模の拡大に応じて低下傾向を示すこととなります。

・増資の影響を受け、増資によりこの比率は低下します。

・借入金のない会社に有利に表れます。

・同じ総資本利益率の会社でも、総資本に占める自己資本の割合の高い会社は自己資本利益率が低くなります。逆に、総資本の中に占める自己資本の割合の低い会社は、自己資本利益率が高くなります。つまり、自己資本構成比率の高い会社はこの比率が低く、自己資本構成比率の低い会社は高くなります。

②主な回転率

　貸借対照表、損益計算書から収益性を分析するため、回転率および回転期間が用いられます。回転率とは、売上高や売上原価を分子とし、総資本、自己資本、たな卸資産および固定資産等を分母として、各資産が1年間に何回転したかを見るためのものです。

　回転率を見ることにより、資本の活動状態や資金の回収状況が分かり、収益力や資金状態の把握に役立ちます。

イ．総資本回転率

$$総資本回転率＝\frac{純\ 売\ 上\ 高}{（期首総資本＋期末総資本）÷2}$$

　総資本回転率は、使用総資本の利用効率を示す比率で、同じ額の資本を使用した場合は、回転率が高いほど売上が多くなり、利益が増加し、投下資本に対する収益率が大となります。分子には一般的に売上高をとります。

　総資本回転率の着眼事項は次のとおりです。

・高いほどよい指標です。

・一般的に上昇傾向はよい状態で、横ばいは普通、低下傾向は悪いと判断できます。

・長期的には、この回転率は企業規模の拡大により低下傾向を示します。

- ・業種により相当の差があります。
- ・売上高利益率とは逆の関係にあります。
- ・具体的分析のためには、各資産の回転率を算出し、検討する必要があります。
- ・比率が過小の場合は、売上の除外、または総資本の過大計上の有無を考えます。売上除外は、各資産の回転期間とあわせて検討します。総資本の過大については、各負債の回転期間とあわせて検討する必要があります。

ロ. 売上債権回転率

$$売上債権回転率＝\frac{純\ 売\ 上\ 高}{(期首売上債権＋期末売上債権)÷2}$$

　売上債権回転率は、売上債権が1年に何回転するかを見るためのものです。分母の売上債権には売掛金のほか、受取手形、割引手形および裏書譲渡手形も含みます。

　売上債権回転率の着眼事項は次のとおりです。

- ・高いほど良く、低いほど悪いと判断してよい指標です。
- ・あまり急激な上昇は、現金でダンピング売りしたためとも考えられます。売上総利益率とあわせて検討します。
- ・一般に上昇傾向は好ましく、横ばいは普通、下降傾向は要注意です。
- ・この比率が悪くなると当然、売上債権の焦付発生の危険性が考えられます。資金繰りが苦しくなり、会社として危険な状態になります。
- ・この比率の悪化は、架空売上、売上の繰上げ等の可能性があります。

ハ. たな卸資産回転率

$$たな卸資産回転率＝\frac{純\ 売\ 上\ 高}{(期首たな卸資産＋期末たな卸資産)÷2}$$

　たな卸資産回転率は、在庫量が経営活動に比較して適正かを判断するものです。分子は一般に純売上高を採用します。具体的に分析するにあたっては、分母のたな卸資産を原材料、仕掛品、製品（または商品）に

分けて回転率を算出します。

　この比率の極端な低下は資金繰りを苦しくし、在庫の価格低下の危険性、破損、陳腐化のおそれ、保管費のかさみ等、企業にとって不利な条件が重なります。

　たな卸資産回転率の着眼事項は次のとおりです。

・高いほどよい指標です。

・たな卸資産の各項目、すなわち製品、仕掛品、原材料の各回転率を
　算出して、全体と部分の関係を趨勢的に検討します。

・製品回転率は、次のことを考慮します。

　(a)回転率が低い時、分母の製品に過大計上はないか。

・仕掛品の回転率は、次のことを考慮します。

　(a)回転率が低い時、分母の仕掛品に過大計上はないか。

・原材料回転率は、次のことを考慮します。

　(a)回転率が低い時は、分母の原材料に過大計上はないか。

・一般に上昇傾向は良く、横ばいは普通、低下傾向は警戒を要します。

・業種により大きな差があります。

・たな卸資産は比較的操作のしやすい科目です。

・この比率が高い時は、次のことを考慮します。

　(a)売上好調のためなのか。

　(b)販売と生産のタイミングがうまくいっているのか。

　(c)たな卸資産の除外、評価減を行っていないか。

・この比率が低い時は、次のことを考慮します。

　(a)たな卸資産の水増し、評価増が行われたのではないか。

　(b)不良品、デッドストックをそのまま在庫にしているのではないか。

　(c)売上除外があるのではないか。

二．固定資産回転率

$$固定資産回転率＝\frac{純\ 売\ 上\ 高}{(期首固定資産＋期末固定資産)÷2}$$

　固定資産回転率は、固定資産に投下した資本の効率を見るものです。設備に対する過大投資の有無などを見るために用いられます。

　固定資産回転率の着眼事項は次のとおりです。

・一般に装置産業では固定資産が多く、当比率は低くなります。他方、労働集約産業では固定資産が比較的少なく、比率は高くなります。

・一般に企業規模の拡大に応じて低下傾向を示します。

・土地以外の有形固定資産は毎年減価償却をするため、新規設備投資をしない限り比率は低下していきます。

・固定資産が過大で、利用率が十分でないと、維持管理費などの固定費がかさみ、利益率に影響します。固定資産への過大投資は経営危機につながるリスクがあります。

・当比率が低い場合は、次の要因が考えられます。

(a)売上除外

(b)固定資産の過大計上

(c)減価償却額の不計上

・当比率が高い場合は、次の要因が考えられます。

(a)売上の過大計上

(b)資本的支出の修繕費等としての費用処理

(c)減価償却額の過大計上

(d)簿外固定資産の稼働

ホ．買入債務回転率

$$買入債務回転率＝\frac{売\ 上\ 原\ 価}{(期首買入債務＋期末買入債務)÷2}$$

　買入債務回転率は、支払手形、買掛金などの買入債務となっている資本の効率を見るためのものです。分母の買入債務は、買掛金と、設備の

ための支払手形を除く支払手形の合計です。足元の資金繰り状況や収支バランスを把握するため、売上債権回転率、たな卸資産回転率とならんで重要です。

買入債務回転率の着眼事項は次のとおりです。

- 傾向として上がるのがよいとか、下がるのが悪いとか、一概にはいえません。この回転率が高いということは、支払が早いということで、仕入先は喜び会社の信用もつく半面、資金がそれだけ早く流出することになります。
- 当回転率が高く、資金流出が早くなると、早くなった分だけ資金を余計に借り入れなければならず、その結果、利息がかさむ場合があります。逆に、当回転率が下がることは、それだけ支払が悪くなったことを意味します。仕入先は迷惑しますが、それだけ資金の留保ができ、借入金を減らせる場合があります。
- 買入債務回転率は、単独で見るよりは売上債権回転率との関連で見ます。両比率のバランスがとれていることが望ましいといえます。
- 比率が上昇傾向にある時は、買入債務の支払いが早く、効率よく支払っていることになります。下降傾向の時は買入債務の支払いが遅く、支払いを先延ばすことで資金繰りに余裕が生まれていると判断できます。
- 回転率が低い時は、次が考えられ、原価構成比率とあわせて検討します。
  (a)買入債務の架空計上
  (b)当期材料費の圧縮計上
- 回転率が高い時は、次が考えられます。
  (a)買入債務の過小計上
  (b)当期材料費の過大計上

ヘ．減価償却引当率

$$減価償却引当率＝\frac{減価償却費}{償却資産}$$

減価償却引当率は、当年度の減価償却が償却資産に対して、どの程度行われたかを見るためのものです。企業は、成長過程にあるとき、常に設備投資を行います。償却方法に定率法を採用している場合でも、一般に償却額はある程度一定しています。

減価償却引当率の着眼事項は次のとおりです。

・当比率が高い時は、固定資産について特別な償却を行った可能性を考えます。

・当比率が低い時は、逆に減価償却を過小計上している可能性を検討します。

(3)安全性分析のための比率

会社は様々なリスクにさらされています。外資の攻勢、異業種からの新規参入、技術革新、人手不足など、会社を健全に運営していくため経営者は常に悩まされています。

資金繰りの厳しい会社の多くは徐々に苦境に陥り、ついには資金ショートという形で表面化します。会社の財政状態は貸借対照表に表れるため、これを分析することで原因は分からないまでも、財政的にどんな状態になっているのか判断できます。

貸借対照表を分析し、会社の安定度を分析するのが安全性分析です。安全性分析は、流動比率、当座比率、負債比率および固定比率など、多くの比率を用いて分析されます。通常、こうした比率に一定の基準を設け、○％以上なら安全、○％以下なら危険信号などと示されます。しかし、こうした基準はあくまでも標準です。大局的判断のためにはこの基準とあわせ、他の比率あるいは比率の期間的推移を見ることが大切です。

①主な構成比率

安全性分析のためには、まず総資本に対する各資産の割合、すなわち構成比を算出して、構成状態および構成比の推移を見て安全性を確認する必要があります。安全性の見地からは、この構成比のバランスがとれていることが望ましいです。

イ．総資本対流動資産比率

$$総資本対流動資産比率＝\frac{流動資産}{総資本}×100$$

総資本対流動資産比率は、総資本のうちに占める流動資産の割合を示す比率です。

総資本対流動資産比率の着眼事項は次のとおりです。

・当比率が高い時は、おおむね安全といえます。

・総資本対固定資産比率はこの逆になりますが、両比率は業種により大きな差異があります。

・当比率があまりに高い時は、資産の効率的な運用が行われていない懸念があります。

・安全性をよく見せるため、固定資産を流動資産に振り替えて表示している場合もあります。

ロ．総資本対たな卸資産比率

$$総資本対たな卸資産比率＝\frac{たな卸資産}{総資本}×100$$

総資本対たな卸資産比率は、総資本のうちに占めるたな卸資産の割合を示す比率です。

総資本対たな卸資産比率の着眼事項は次のとおりです。

・当比率が高い時は、たな卸資産に対する過大投資の懸念があります。

・業種によりかなりの相違があります。

・当比率が高い時は、たな卸資産の過大計上の懸念があります。

ハ．総資本対負債比率

$$総資本対負債比率＝\frac{負債}{総資本}×100$$

　総資本対負債比率は、総資本のうちに占める負債の割合を示す比率です。

　総資本対負債比率の着眼事項は次のとおりです。

- ・当比率が高い時は、自己資本に比べて負債が多いことを示しますので、一般的には、それだけ安全性が乏しいと判断されます。
- ・負債が多いことは利息の発生をともない、収益性に影響を及ぼすといえます。

ニ．自己資本対負債比率

$$自己資本対負債比率＝\frac{負債}{自己資本}×100$$

　自己資本対負債比率は、資本と負債の割合を示す比率です。

　自己資本対負債比率の着眼事項は次のとおりです。

- ・低いほどよいとされています。
- ・負債が自己資本以下であれば安全です。自己資本を超えて大きくなると危険とされています。
- ・日本の場合、過小資本の会社が多いといわれ、一般にこの比率は高くなります。
- ・比率は自己資本を分母とするものです。欠損になると自己資本が減少するため、この比率は急激に上昇します。
- ・安全性の度合いを判断する時、判断の基準が業種によって異なります。

②主な相対比率

　安全性分析のためには、貸借対照表の借方項目と貸方項目を対比する相対比率分析も有効です。

イ. 預貸率

$$預貸率 = \frac{期末預金残高}{期末借入金残高 + 期末割引手形残高} \times 100$$

　預貸率は、借入金に対する預金の比率です。一般に金融機関に借入や受取手形の割引を依頼すると、ある程度の預金が基礎的取引として要請されます。

　預貸率の着眼事項は次のとおりです。

・借入金に比べて預金が少ないかどうか、次の観点から検討します。金融機関以外の借入がある場合は、金融機関から借りるための信用力に乏しいためかなど、会社の信用力を検討します。

　(a)簿外の預金があるか

　(b)金融機関以外の借入があるか

・当比率が常識以上に高い場合、金融機関との間に特殊な約束がないか調査します。

ロ. 流動比率

$$流動比率 = \frac{流動資産}{流動負債} \times 100$$

　流動比率は、流動負債に対する流動資産の割合を示すものです（流動資産、流動負債の説明は第1章参照）。

　流動比率の着眼事項は次のとおりです。

・高いほど良いとされています。

・当比率は粉飾に利用されることが多く、例えば、以下のような安全性、流動性の粉飾がよく行われます。

　(a)売上の繰上げ計上

　(b)売上の繰延べ計上

　(c)短期借入金の長期借入金への振替え

　(d)たな卸資産の評価増

　(e)焦付債権の不償却

　(f)資産と負債の同額ずつの相殺

・当比率が低い場合は、下記の有無を検討します。

　(a)流動負債の架空計上

　(b)諸引当金の過大計上

・流動比率が高い場合は、下記が考えられます。

　(a)流動資産、流動負債から同額相殺したことによる比率の操作

　(b)流動資産の過大計上

ハ．当座比率

$$当座比率＝\frac{当座資産}{流動負債}×100$$

　当座比率は、流動比率と同じく、短期の支払能力を表す比率です。流動比率よりも狭い意味の支払能力で、流動比率の補完的な比率として用いられます。流動資産の中身は様々ですが、当座資産は流動資産の中で換金性の高い資産をいい、現金、預金、受取手形、売掛金等を指します。

　当座比率は100%以上が健全とされる一般的な数値となります。

　当座比率の着眼事項は次のとおりです。

・高いほど良いとされています。比率の趨勢を見るようにします。

・業種別に差異があるため、業種別の特殊性を考慮します。

・同じ預金でも固定性の預金があり、本来、当座資産からこれを除外すべきです。しかし、外部からは分からないため、合算することとします。

・流動比率が高いのに当座比率が低くなる原因として、流動資産の中に占めるたな卸資産の割合が多いことがあります。このため、次を検討してみます。

　(a)過剰在庫ではないか

　(b)たな卸資産の過大計上ではないか

二. 固定比率

$$固定比率 = \frac{自己資本}{固定資産} \times 100$$

　固定比率は固定資産に対する自己資本の割合を見るための比率です。1年以上長く使用する固定資産は、本来返済の必要のない自己資本でまかなわれるべきであるという考えから、100％以上が望ましいとされています。しかし、業種により異なりますが、100％以下が普通であるというのが実態です。

　固定比率の着眼事項は次のとおりです。

・高いほど良いとされています。

・総資本対固定資産比率の高い会社は、一般的に低くなります。

・赤字会社は自己資本が減少するため、固定資産が増加しなくても比率が低くなります。

・当比率が趨勢的に低い場合は、次を検討します。

　(a)多額の固定資産を借入により調達したのではないか

　(b)減価償却費を十分に計上しなかったのではないか

・当比率が趨勢的に高い場合は、減価償却費の過大計上の可能性を検討します。

ホ. 固定長期適合率

$$固定長期適合率 = \frac{自己資本＋固定負債}{固定資産} \times 100$$

　固定長期適合率は、固定資産に対する自己資本と固定負債の割合を見るための比率です。

　日本の多くの企業では、固定資産を全て自己資本で調達できず、少なからず借入に頼っています。一般に固定資産は、短期返済が求められる流動負債で調達するのは危険とされます。少なくとも、自己資本と返済期間の長い長期借入金などの範囲内で調達する限り、資金繰りに大きな影響を及ぼしません。固定資産を稼働した利益により、分割で返済して

も資金的な収支は合うと考えられ、安全性の見地から問題はないとされ
ます。

　固定長期適合率の着眼事項は次のとおりです。

・高いほどよく、100％以上であることが望ましいとされます。

・上記以外は、固定比率の着眼事項と同様です。

貸借対照表の勘定科目に
着目した粉飾発見

1 検討にあたっての準備

　勘定科目の検討にあたっては、会社から各勘定の内訳（明細）を入手することが必要です。

　勘定科目を検討する場合、次のことに注意します。

　・各勘定の総額が前期と比較して大きく増減しているか。

　・各勘定の内訳の項目の中で大きく増減しているものがあるか。

　・各勘定の内訳の中で、その他として一括表示されるものの全体金額との割合と、前期との増減はどうか。期首よりまったく異同のないもの、不良債権あるいは架空分を一括表示している場合がある。

　以下、各勘定科目について留意すべき事項を科目ごとに解説します。

2 勘定科目ごとの留意事項

(1)資産の部

①現金

　現金勘定の金額は、比較的小さいが、使い込み等不正の発生しやすい項目です。

　現金が過大の時は、使途不明金等で処理できないものを現金勘定に含めていないかを確認します。

　勘定不突合分を現金勘定で調整していないかも確認します。

②預金

　預金が借入金、割引手形の金額に比べ異常に少ない場合には、取引があることを把握している金融機関とは別の取引金融機関がある可能性があります。

　預金が借入金、割引手形の金額に比べ異常に高い場合は、使途不明金等が未処理のまま預金に含まれていることがあります。

　預金と受取利息の額を対比して、預金の利率等からバランスがとれているかどうかを検討します。

　預金の残高証明書を徴するときは、コピーではなく、原本を入手します。コピーは偽造されていることがあるので要注意です。

③受取手形、売掛金

　受取手形で重要なことは、金融手形かどうかです。

　架空売上（先行売上を含む）は、たな卸資産とともに決算粉飾に最も多く利用されます。架空売上の金額が大きくなるほど、受取手形や売掛金の残高に大きくなるものです。

　売上債権回転率を検討し、回転率が異常の時には、架空債権、焦付債権、売上債権以外の債権（例えば資産の売却代、融通手形）の有無を検討します。

　売上高と売上債権を対比し、比例的に増減しているかを検討します。

　売上債権と前受金、仮受金等の負債と両建整理されているものに注意します。

④有価証券

増減に注意し、増加の場合は、評価益を計上していないか、減少の場合は、有価証券売却益（雑収入または特別利益）との関連を検討し、仮装売買でないか注意します。

有価証券と受取配当金を対比します。受取配当金の割合が少ない場合、イ．架空の有価証券が計上されていないか、またはロ．償却すべき有価証券がそのまま計上されていないかを検討し、受取配当金が多い場合は簿外有価証券の有無を検討します。

⑤たな卸資産

粉飾には必ずといってよいほど、たな卸資産が関係します。筆先1つで期末たな卸資産は簡単に粉飾が可能であり、かつ発見が容易ではありません。

回転率が異常でないか、評価方法を変更していないか、たな卸資産の水増し、不良品の未処理はないか、たな卸資産と保険料等の増減と比べ、比例的に増減しているか等がチェックポイントです。

⑥仮払金

仮払金は、経費、固定資産の取得、あるいは債権等となるべき支払を一時的に処理しておく未精算勘定です。多額の残高が残らないことが原則です。

仮払金の精算未了のものとして比較的金額が大きいものとして、海外出張仮払金の未精算、訴訟費用の一部仮払金等、損金性のものが多くあります。

前期との異同に注意し、異同のないものは、イ．費用として処理すべきものか、ロ．架空のものではないかを検討します。

仮払金が増加している場合は、内容についてよく検討します。

ケーススタディー⑦（粉飾倒産事例から）

　雑貨店チェーンのH社は、マスコミ露出で知名度を高めていたが、2021年冬のある日、店舗に「閉店のお知らせ」を掲示して話題となった。

　H社は雑貨店を運営し、2012年に店舗数は70店に達し、2013年1月期には年売上高約29億6,000万円を計上していた。しかし、消費行動の変化や同業他社との競合などで事業環境が悪化。その後も相次ぐ出店や人件費高騰、在庫負担に伴う有利子負債が重荷となり資金繰りが悪化し、2020年1月には金融機関にリスケジュールを要請した。

　さらに、新型コロナの感染拡大による外出自粛等の影響で売上が急減。資金繰りが一気に悪化する中、コロナ関連融資により急場をしのいだ。一方で、ある金融機関の担当者は「粉飾決算を疑われても仕方ない財務状態だった」と振り返る。何が疑わしかったのか――。

　それは、「売上高総利益（粗利益）率」と「たな卸資産回転期間」の2指標の関係に着目すると見えてくる。粗利益率をみると、50%を優に上回り、同業他社と比較すると高い水準と言える。粗利益率が高いのは決して悪いことではない。

　しかし、恣意的に粗利益率を引き上げていたとすれば、①売上原価の過少計上、②売上高の水増しのいずれかの決算操作が行われていたことになる。①の場合は、商品仕入高の不計上（簿外化）とい

う手法もあるが、期末の決算処理において期末商品たな卸高を過大に見積もり、「（借方）商品／（貸方）商品仕入高」という仕訳を行うことで売上原価を減らすことができてしまう。

　この処理を行えば必然的にたな卸資産が増加し、回転期間も長期化する。また、②のケースは、売上高とともに売掛金などの資産勘定を水増しする手法が主流だが、「（借方）商品／（貸方）売上高」という仕訳がなされていた場合に限り、たな卸資産回転期間も長期化することになる。

　コロナ禍で業績を悪化させ、ゼロゼロ融資を受けたにもかかわらず、資金が枯渇する典型的な『新型コロナ倒産』とみられていたが、別の問題を抱えていたことも分かった。H社社長は、株式の一部譲渡を考える上で、税理士の指示どおりに手続きを進め、譲渡代金の一部も受領していたが、最終的に破談になった。その過程で税理士が代表を務める会社に譲渡代金の一部が流れていたなど、税理士による“不義理”が発覚。H社社長は個人預金だけでは返金しきれず、会社の預金に手を付けたという。

　こうしたトラブルの後、事態はさらにドロ沼化。会社預金に対し社長を債務者とする仮差押命令が発令され、一部の預金口座を凍結される事態に陥った。仮差押えを解除するにも会社資金が流出し、コロナ禍の窮状を耐えしのぐための特別貸付が会社経営とは別の目的に流れ、消えたのだった。

⑦貸付金

通常の会社では、貸付金は福利厚生的意味を持つ従業員貸付金または

従業員住宅貸付金程度しか発生しないはずです。取引先その他への貸付金の発生は、それ事態が何らかの意味で非正常的な取引といえます。発生原因を見極めるとともに、回収可能性を検討する必要があります。

　前期との異同を検討するほか、異同のない貸付金は、架空か償却すべきものではないかを検討します。

　貸付金に大きな増加がある場合は、内訳、理由を調べます。

　また、貸付金と受取利息の関係を検討します。

⑧前渡金

　前渡金は、商品、原材料等の購入のために前渡しするものです。発注してから製作されるものや、下請等へ製作させるために支援的に前渡しする以外は、通常発生しないものです。

　前期との異同を検討するほか、異同のない前渡金は、費用処理すべきものではないかを検討します。

　買掛金、未払金等との両建整理に注意します。

　会社に前渡金の慣行があるかも検討します。

　前渡金の支出と、仕入価額の関係はどうなっているかについても検討します。

⑨有形固定資産

　中小企業では業績の悪い期に、通常の減価償却も、除却処理も行わないケースがよくあります。

　土地については、使途不明金あるいは不良債権等を土地勘定に振り替える、あるいは新規取得土地価額に含めて処理するケースが多く見られます。

　前期との異同を検討します。

　増加している場合は、下記を検討します。

イ．架空計上

ロ．評価益の計上

ハ．費用の資産計上が行われていないか

ニ．売上高、生産高との関連

　減少している場合は、減価償却費の適否、売却損益の処理内容を検討します。

　子会社等に売却して、実質評価益の計上が行われていないかどうかも確認します。

⑩無形固定資産

　無形固定資産は、償却不足の例がよく見られます。

　特許権等のうち、技術革新が目覚ましいため、使用不能になって償却すべきものがないかを検討します。

　他の資産勘定と同様、前期との異同に注意します。

⑪繰延資産

　繰延資産は、費用繰延べによる粉飾によく利用される勘定です。

　前期からの増減に注意します。

　勘定の内容をチェックして資産性のないものが計上されていないか、発生原因を検討します。特に当期純利益が少額で、繰延資産勘定が増加している場合は要注意です。

(2)負債の部

①支払手形、買掛金

　支払手形での問題点は、イ．簿外支払手形がないかどうか、ロ．金融手形がないか否かが重要です。

　仕入債務回転率に異常がある場合、イ．債務の不計上、ロ．仕入債務以外の債務（例えば融通手形、設備代手形）の有無を検討します。

　材料仕入高等と仕入債務の関連を検討し、比例的に増減しているか検

討します。

　受取手形勘定と支払手形勘定を相殺し、貸借対照表に表示されていないか検討します。

　仕入債務と前渡金などの資産と両建整理しているものに注意します。

②借入金

　会社計上額の妥当性と簿外借入金の有無を確認します。

　金融機関からの借入金は、固定性預金との関連を検討します。

　金融機関以外からの借入金がある場合は、金融機関から借りない理由を調べます。特に高利の借入の有無を確認します。

　役員等からの借入については増減を調べ、売上除外等による架空借入でないか等を検討します。

　借入金額と支払利息の関連を調べ、利率の変化等も勘案して比例的に増減しているか検討します。

③前受金

　前受金勘定は通常商品・製品の売買契約に基づき、前受金を受領した時や工事請負契約時の前受金を処理する科目です。

　前期との異同に注意します。

　売掛金等との両建整理に注意します。前期から異同のない売掛金は、前受金と相殺すべきものか検討します。

　前受金を受領することと、売上価額との関連を検討します。

　建設業で請負工事の場合、未完成であるにもかかわらず、先行売上の計上によって前受金が消去されるケースに注意します。

④仮受金

　仮受金は貸借対照表日（貸借対照表の基準日）において、受入額等の属すべき勘定または金額の確定しない未精算勘定です。

前期との異同に注意し、異同のないものは、収入処理すべきものではないか、架空なものでないか検討します。

仮受金の増加については、内容をよく検討します。

⑤諸引当金

諸引当金は、最も多く決算粉飾に利用されます。

これら引当金の設定根拠は何か、前期と同基準で設定されているかチェックします。

前期との異同を検討します。

ケーススタディー⑧（粉飾倒産事例から）──────

　地元の老舗企業であれば、それだけで周囲の目には「信用あり」と映るだろう。しかし、それが長年にわたる粉飾決算で覆われた仮の姿だとしたら――。I社は、2020年2月に破産手続き開始決定を受けた。I社は、業歴80年以上を有する土木建築資材製造および法面工事業者。公共工事の受注が堅調に推移するなかでの倒産となったが、同社にいったい何が起きていたのか。

　I社の設立は、戦前にさかのぼる。80年以上にわたり、土木資材や鉄鋼関連製品を取り扱ってきた。高速道路や河川の法面工事で使用される金網のかごマットやフェンスなどに注力し、自社工場で製造された製品は、公共工事の現場で使用されるケースも多く、業界では"問題ない会社"とみられていた。

　しかし、2000年を過ぎる頃から"デフレの波"にのまれていく。受注単価の抑制から、提携先である下請業者が相次いで倒産。さらに製品自体の売れ行き不振などから、2000年当時の売上高約38億

円をピークにその後は減収の一途をたどった。代表が交代した2006年当時には、金融機関からの借入金は約8億円、経営はすでに悪化した状態だった。

　代表は『破産手続開始申立書』の中で、「この頃から毎年2,000万円程度の売上を架空計上、粉飾決算を続けていた」と述べている。公表されている決算書では、2016年12月期が売上高約10億1,159万円に対して経常利益約406万円、2017年同期が売上高約8億円に対して経常損失約626万円、2018年同期が売上高約8億195万円に対して経常利益約378万円としていた。

　しかしこの間、売掛金の架空計上が行われ続け、判明した架空計上額は、2016年度が約4,290万円、2017年度が約4,095万円、2018年度が約1億7,751万円。この間の売上債権回転期間をみると、「5.76カ月」(2016年度) → 「6.32カ月」(2017年度) → 「7.40カ月」(2018年度) となっていた。

　売上高は増加していないにも関わらず年を追って長期化し、業界基準値 (2.7カ月～2.8カ月) を大きく上回るなど、危険なシグナルが点滅していた。一度始めた粉飾を見破られないようにするため、毎期行わざるを得なかった偽りの手法は、後戻りすることなく常態化していた。当初は、売上規模に比べさほどの金額ではなかったものの、一度手を染めたら引き返すのは至難のわざだ。

　実際の損益は、直近の2019年度で売上高約5億円に対して4,100万円程度の赤字だったという。赤字状態が続くなかでも積立金など会社資産の取崩しを行い、金融機関への返済を続け、8億円程度あった借入金を4億円程度まで減額させていた。しかし、取崩し

ができる会社資産もついに底をつき、手形の決済ができず自己破産申請に至った。

第**4**章

外部分析からの粉飾決算の手掛かり

先輩社員：第３章では「粉飾決算を見抜くための財務分析」を解説しました。一般的な決算書分析で登場する各種の指標を紹介したので、かつて勉強したことの復習のように感じたかもしれませんね。

新入社員：今回は「粉飾の発見」ということを意識していたので、新鮮な感じがありました。もちろん復習の面もあり、その意味でも勉強になりましたよ。

先輩社員：第３章の冒頭で「金融機関は、日常的に企業の経営者と接することがありますし、定期的に決算書を精査する機会があります」という話をしました。第３章では、このうち「決算書の精査」により粉飾を見抜くポイントを解説してきましたが、第４章では「融資先との日常的な取引」に着眼して、粉飾決算に手を染めている可能性はないか、もしくは、粉飾決算一歩手前のような経営状況にあるのではないかを見抜くポイントを解説していきます。

新入社員：決算書の受領は、中小企業では年１回が大半でしょうから、決算書受領段階で融資先の異変に気付いても手遅れになってしまうかもしれませんね。であるなら、金融機関の担当者にとって最も重要なのは、日常取引における観察であるのかもしれませんね。

先輩社員：そのとおりです。取引先の雰囲気を肌で感じられるのは担当者だけです。取引先の社長との応酬話法例も解説に加えました。ぜひ、これから解説する各種のポイントを身に付け、より信頼される担当者へと成長していってください。

第1節

日常の金融取引からの粉飾の手掛かり

1　当座取引・手形決済

(1)当座預金の平残が減少している

①担当者としてすぐに考えるべき項目

　取引先の当座預金の平残が減少しているような場合、担当者としてすぐに考えるべき項目は次のとおりです。

- ・売上が落ちていないか
- ・売掛サイトの変更・貸し倒れがあったのではないか
- ・他金融機関へシフトしている可能性はないか
- ・買掛サイトの変更で資金繰りが悪くなったのではないか

②着眼点

　なお、当座預金の平残が減少している原因としては、以下の事項が考えられます。

- ・単価ダウンあるいは数量ダウンによる売上自体の減少・低下が最大要因。
- ・売掛債権の回収長期化、貸し倒れの可能性もある。
- ・買掛債務条件の短期化による資金繰り悪化の可能性も高い。

・借入が順調に進まず、手元資金が減少しているケースもある。ただ
　し、良好企業の場合は、資金効率運用のため当座資金を調整するケー
　スも一般的。
・金融会社からの手形呈示は末期症状とみてまず間違いない。
実務的な確認事項としては、以下のとおりです。
・振込入金・手形・代手の動き。
・支払手形の回数・金額の増減。
・他金融機関、他社への大口送金の有無。

③実態のヒアリング方法

　売上の状況や今後の見通しを聴取し、マクロでの状態を把握します。
販売先ごとの売上、売掛状況を聴取し、大口受注先の変動をチェックし
ます。
　自金融機関への当座平残協力を依頼してみると、当座平残の減少理由
が明らかになる場合があります。
　要因が他金融機関の動向や買掛条件である場合は、愚痴を言わせてみ
ます。

担当者：不景気が続きますが、お得意先からの支払いは順調ですか？

取引先：大口のA社の支払いが遅れ気味だなぁ。

担当者：今月は流動預金の積み上げ活動をしているので、ご協力をお願
　　　　　いします。

取引先：うん、できれば協力してあげたいんだけど、いっぱいいっぱい
　　　　　なんだよ。

担当者：そうですか……どこかほかの銀行にいってませんか。

取引先：とんでもない。B社の手形さえ入ったらすぐにでも割引しても
　　　　　らうよ。

④具体的対応策

　１．基本的に資金余剰先であるかを見極め、資金余剰先であれば、預金回復努力をすれば十分です。

　２．資金余剰先ではないような場合は、当座預金の出入りを時系列に調査します。振込み、入金の出入りを時系列に調べると、実態がよく分かります。交換提示手形については、入金人を手形現物で調査します。この際、金融業者や無名のコンサルタントからの手形はないかについては、特にきちんと調査します。

　３．他金融機関からの借入動向を時系列に調査します。着眼点は、「経常運転資金の調達はうまくいっているか」「調達がうまくいかず、経常的に資金不足になっていないか」「他金融機関で担保として拘束されていないか」などです。

　４．経常的に赤字になっていないかを確認します。減価償却費を合算しても、キャッシュフローが赤字ではないかをチェックします。

　５．以上の確認結果をふまえ、債務者の資金状況の実態を把握します。一時的な当座平残減少の場合は、回復すべき時期の状態を確認します。一時的ではない場合でこの傾向が続くときは、貸出債権の保全強化が最大課題となります。

(2)当座取引の仕振が悪化している

①担当者としてすぐに考えるべき項目

　当座取引の仕振が悪化している（当座預金への入金が遅れる）場合、担当者としてすぐに考えるべき項目は次のとおりです。

　　・売上が伸び悩んでいないか
　　・資金繰りが相当悪化していないか
　　・ノンバンクの借入等はないか
　　・融通手形の可能性はないか

②着眼点

具体的な着眼点は次のとおりです。

・呈示される手形・小切手の入金人に注意する。

・金融会社等からの手形呈示、依頼返却の発生、頻発は末期症状と考えてよく、ここまでくると資金繰りのひっ迫は明白で、倒産は時間の問題。

・融通手形の可能性もあるので手形金額を確認する。

実務的な確認事項としては、以下のとおりです。

・振込入金・手形・代手の動き。

・小切手払いの増加。

・依頼返却の発生。

・一時的多数の手形・小切手の発行依頼。

③実態のヒアリング法

入金が遅れる理由を直接聴取します。ただし、取引先からの回答はほとんど信用できないものとして捉えたほうがよいでしょう。

今後の資金繰りの回し方について、計画を説明してもらいます。

以上について、取引先側の回答態度から、緊迫度を判断することができます。

担当者：うちも人が減ってしまって事務のほうは大変なんです。連絡が遅れてもご迷惑なので、前日には不足分を入金しておいて下さると助かります。

取引先：分かった、分かった。先に入金しておくよ。

……しかし入金されず、同じ繰り返し……

担当者：なかなかうまくいきませんねえ。

取引先：できるなら先に入れておくよ。いろいろやってやっと決済してるんだ。

担当者：いろいろって……。

取引先：そんなこと言わせるなよ。分かるだろ。

④具体的対応策

　１．当座預金への入金遅れが頻発しているような場合は、基本的に、末期症状である認識を持つべきです。したがって、改めて決算書を精査し、業績の状況をチェックするほか、自金融機関の貸出金の返済状況をチェックします。

　２．何とかなると思っている債務者は意外と多いので、厳しい状況であることを債務者に認識してもらいます。

　３．貸出金の期限更新には応じず、基本的に回収方針とせざるを得ません。つまり、貸出金の保全状態を見直すほか、担保等の書類の整備状態をチェックするといった対応を取ります。貸出金の一括返済が無理なら、リスケジューリング対応となります。

(3)受取手形に同銘柄で金額・期日が近いものがある

①担当者としてすぐに考えるべき項目

　受取手形に同銘柄で金額・期日が近いものがあるということを把握した場合、担当者としてすぐに考えるべき項目は次のとおりです。

- ・融通手形ではないか
- ・資金繰りが相当悪いのではないか
- ・相手先はグループ企業ではないか
- ・手形の中に代表者個人の借入がないか

②着眼点

　具体的な着眼点は次のとおりです。

- ・基本的に融通手形ではないか疑う。
- ・同銘柄で金額・期日が近ければ、かなりの確率で融通手形と判断する。

・正常な手形と分離するため、融通手形用に手形を使うことがある。

・資金繰りのひっ迫は明白であり、倒産は時間の問題。

・振出人からの振込み等で決済していれば、融通手形は明らか。振出人への振込みも同様。

・グループ企業内の融通手形の場合は、さらにテクニカルになっていることも多い。

実務的確認事項としては、以下のとおりです。

・相手先の業種は何か。貸出先と同業種ではないか。

・貸出先と実際の製品・商品のやりとりがあるか。

・決算書の附属明細の売掛・買掛両方に相手先が載っているか。

・相手先の信用状態はどうか。

・手形金額はラウンドナンバーではないか。

・自金融機関で割引した資金を相手に送金していないか。

・相手先の小切手入金や振込みで決済していないか。

・相手先はグループ企業ではないか。

・同時期に同じ相手から少額の手形か、小切手が呈示されていないか。

・手形用紙番号は飛んでいないか。

・借入は極度に至っていないか。

・代表者個人の借入も発生していないか。

・当日入金による決済が多くないか。

③実態のヒアリング法

　手形の振出人企業との具体的な製品や商品のやりとりを聴取します。この際、常識的に考えて異常な回答となるケースが多く、商品の保管や輸送ルートを聞くと、異常な点はさらに明らかになります。

　ただし、あまり聞き込むと、警戒されて他の金融機関を巻き込んだ融通や第三者を巻き込んだ取引を行うこともあるので注意します。

　手形問題とは分離して、資金繰り自体を聴取することも大切です。

担当者：最近の景気はどうですか。

取引先：厳しいね。でも頑張ってるよ。

担当者：そうですね。A社の手形もそこそこの金額が入ってますね。商品は何ですか。

取引先：ああ、Bだよ。最近うまくいってるだろう。売上も増えている。

担当者：そうですね。単価はいくらぐらいですか。どこで荷揚げしてるのですか。

取引先：……。

④具体的対応策

　1．基本的に、末期症状であるとの認識を持ち、自金融機関の貸出金の返済状況をチェックします。他金融機関を含めた割引手形残高を調査し、自金融機関の割引の中に当該手形がないかチェックします。

　2．当該手形は扱いません。もし、既存割引に当該手形があれば、買い戻してもらいます。当然、当該手形の割引を一切行わず、担保手形としても取り扱いません。既存担保手形の中にあれば、買い戻してもらいます（もしくは手形差し替え）。

　3．割引以外の貸出金についても注意が必要です。延滞していなくても、破綻する場合は一気に進みますから、他の貸出金の保全状況をチェックします。

(4)手形決済が増加し、手形乱発ぎみ

①担当者としてすぐに考えるべき項目

　手形決済が増加し、手形乱発ぎみというような場合、担当者としてすぐに考えるべき項目は次のとおりです。

　・ヒット商品が出て売上が伸びたのではないか

　・資金繰りに変化があったのか

　・新しい仕入先と取引を開始したのか

・買入債務が増加したのではないか

・経理担当者の不正の可能性はないか

②着眼点

　具体的な着眼点は次のとおりです。

・一概に悪化の傾向と断言はできないが、変化には違いない。

・当該企業の資金繰りに余裕があるかどうかを確認。

・入金人が個人や金融業者であれば末期症状である。

・同金額の手形が恒常的に回ってくれば、借入返済のための手形と見るべき。

・経理担当者の不正借入の可能性もある。

　実務的確認事項としては、以下のとおりです。

・従来の手形決済と、増加後の手形決済を比較する。

・増加した手形の金額、内容、手形番号を確認する。

・当日入金や相手側からの資金での決済ではないか。

・当座預金の平残は余裕があるか。

③実態のヒアリング法

　手形増加の理由を聴取します。支払手形が増加するということは、製品や商品を購入しているはずで、仕入れをしていれば販売もしているはずです。したがって、販売状況も聴取します。

　販売していれば売上も増加するはずなので、見通しを聴取します。

　これらがスムーズに答えられなければ要注意となります。

担当者：最近手形が増えていますが、仕入れルートが増えたんですか。

取引先：そうなんだ。安く手に入るルートができたんだよ。

担当者：商品はなんですか。どれくらいの利幅なんですか。

取引先：ああ、Bだよ。利幅？　取りあえず押さえてこれから売っていくんだよ。

④具体的対応策

　１．貸出先が正常良好先であれば、新規取引や新規事業の開始が考えられるので問題はありません。この場合、手形入金人の業種や信用状態を確認します。

　２．貸出先が注意すべき相手であれば、手形増加の理由の有無に関係なく経営状況は悪化傾向にあると捉えます。通常の信用状態の相手であっても、悪化傾向にあるとして警戒すべきです。

　３．経営状況は悪化傾向にあると考えられる場合、自金融機関の割引手形を含めた貸出金の保全状況をチェックします。

　４．振り出した手形の決済状況が当日入金であれば末期症状です。また、会社訪問時に、督促の電話や訪問があれば、末期症状です。

(5)手形サイト延長、ジャンプがある

①担当者としてすぐに考えるべき項目

　手形サイト延長、ジャンプがある場合に担当者としてすぐに考えるべき項目は次のとおりです。

- ・資金繰りが悪化しているのでは
- ・取引先と関係が変化したのでは
- ・従前の手形サイトに無理があったのでは
- ・融通手形を行っているのでは

②着眼点

　具体的な着眼点は次のとおりです。

- ・異常がなければ、通常に決済するはず。
- ・手形サイト延長やジャンプは、延命の一過程。
- ・これらに応じる相手方にも問題があり、融通手形に進展する可能性も高い。
- ・相手の『協力』が得られなければ、一気に破綻する。

・手形金額が増加していれば、金利が上乗せされている。

・一度依頼返却があれば、頻発されるのも時間の問題。

・相手方が強ければ、いかに回収するかに腐心するはず。

・手形の『面』に注意。訂正印のある手形は要注意。

実務的な確認事項は以下のとおりです。

・同一相手先からの手形の決済状況に注意する。

・依頼返却の状況に注意する。同じ相手からの依頼返却の連続はないか。

・手形を発行していても、実際の決済の実績はどうか。

・手形入金人からの振込みや入金により、手形を決済していないか。

・同一入金人からの手形呈示金額が増加していないか。

・定期的に少額の手形や小切手が呈示されていないか。

・金融機関からの借入も、単純なロールオーバーの連続ではないか。

・一日ずれ等で、同一相手からの手形の入金と決済はないか。

・手形の入金人の業種や信用状態はどうか。

・手形サイト延長が何回も行われていないか。

・手形面の期日に訂正印は押されていないか。

③実態のヒアリング法

手形の相手方との取引成因を聴取します。通常であれば、商品のやりとり等の回答が得られるはずです。

手形の延長・ジャンプの理由を聴取します。当該商品の相手からの納品遅れ等も回答してくることが多いと思われます。

商品の今後の納入予定・計画を聴取します。本当の理由での延長・ジャンプであれば、最終的に何らかの解決をするはずです。計画について自信を持って説明できるかどうかに注目します。

担当者：手形の延長があるみたいですが、大丈夫ですか。

取引先：うん、商品がうまく入らないんで、支払いを押さえているんだ。

担当者：それは大変ですね、うまくいきそうですか。

取引先：ああ、メドはついてきた。次は落とすよ。

担当者：商品の売り先は決まっているのですか。売り先が決まっていた
　　　　ら、割り引く準備があるので、銘柄を教えてください。

④具体的対応策

　１．貸出先が正常良好先であれば、仕入先との関係で戦略的に延長を
行うこともあります。ただし、通常はこのような扱いはスポットのはず
で、しかも相手先は１社程度であるはずであることを意識しておきます。
つまり、正常良好先でも、このような相手が複数であれば異常事態とい
えます。

　２．正常優良先のスポット以外の場合は、基本的に資金不足状態であ
ると捉えます。自金融機関の貸出金の返済条件や状況を見直し、貸出金
の保全状態に注意します。基本的にフルカバーであるべきです。

(6)手形割引の申込日が一定していない

①担当者としてすぐに考えるべき項目
　手形割引の申込日が一定していないという場合に、担当者としてすぐ
に考えるべき項目は次のとおりです。

　・商取引に関係ない手形なのでは。

　・売掛金の回収がうまくいっていないのでは。

　・資金繰り状況が悪化したのでは。

　・資金繰りを担当する経理に問題あるのでは。

②着眼点
　具体的な着眼点は次のとおりです。

　・安定した資金繰りであれば、ほぼ一定した日に割引を行うはず。

　・持ち込まれた手形の内容を見直す。

・手形自体が商取引に関係ない金融手形である可能性があることに留意する。

・手形回収等の売掛回収能力に問題がある可能性がある。

・手形をすぐに割り引かなければならないほど、資金繰りがひっ迫している可能性がある。

・決済日、支払日が安定していない可能性がある。

・資金繰り管理に大きな問題があるのは明白。融通手形の疑いもあり要注意。

実務的な確認事項としては以下のとおりです。

・売掛回収の状況。

・手形の振出日と割引申込み日が同日か、接近していないか。

・割引する手形の銘柄は安定しているか。

・逆に決済する手形や小切手等に合わせて割引していないか。

・なぜ本来の決済日が安定しないのか。

・割引する手形にラウンドナンバーはないか。

・割引した資金を、直ちに振込みしていないか。

・割引手形の中に、異常に大きな金額のものはないか。

・取引のある他金融機関の割引残高推移や状態はどうか。

③実態のヒアリング法

　まずは、割引手形を一定の日に持ち込むように依頼します。そうすれば、何らかの理由の説明があるはずです。

　売掛金の回収に問題があるという場合は、今後の改善について聴取します。

　常時資金不足であるという場合には、今後の資金繰り全体について聴取します。

　手形銘柄に不審なものがある場合は、手形成因を聴取します。新しい手形銘柄、大口の手形銘柄がある場合には、成因の聴取だけでなく、請

求書や見積書も入手します。

担当者：最近割引の日がまちまちですが、まとめてやっておきましょうか。

取引先：いやいや、割引料もかかるから、まめに割引を持ち込むよ。

担当者：そうですか、それなら分けて実行しますから、手許のお手形を先に全部預からせて下さい。事務の準備もありますからね。

取引先：うん、でも手形の集金もばらばらだからなぁ。

④具体的対応策

　１．こうした企業の状態は、異常事態半ばであると捉えます。既存割引手形の銘柄を再度見直してみて、特に手形成因が不審なものは、場合によっては買戻しを要求します。また、今後は基本的に大口の手形割引は避けて、小口分散に徹します。聴取により恒常的資金不足であることが判明した場合は、長期安定化資金の導入ができないかを検討します。他金融機関との取引状況を綿密に調査・聴取します。

　２．今後の資金繰り計画を作成してもらい、実際どこに異常が存在するかを明確にします。異常点が把握できたら、それに対するフォロー、カバーの方法を考えてもらいます。もし、根本的解決があり得ないのであれば、取引は解消が望ましいと考えられます。

(7)割引手形に融通手形の疑いがある

①担当者としてすぐに考えるべき項目

　割引手形に融通手形の疑いがあるような場合、担当者としてすぐに考えるべき項目は次のとおりです。

　・振出人の業種・業況が悪いのではないか。

　・割引依頼人にも相当な問題がありそう。

　・本業以外の手形ではないか。

②着眼点

具体的な着眼点は次のとおりです。

・業種や売上などから見て、異常な手形か確認する。

・振出人が法人で代表者が裏書きをしている場合は、金融手形の可能性が高い。

・個人名の第三者の裏書きがある場合は、金融回り手形の可能性が高い。

・割引した手形が不渡りになった回数が多い場合は、融通手形の可能性がある。

・割引依頼人の『人間的性格』に注目すべきである。

実務的な確認事項としては、以下のとおりです。

・割引依頼人との業種は同じか。

・割引依頼人の年商や月商から判断して、金額が異常ではないか。

・手形成因の原因となる製品や商品は本当に動いているのか。

・手形成因と合致する請求書や見積書はあるのか。

・手形金額はラウンドナンバーではないか。

・割引依頼人が手形期日と同時に少額の小切手や手形を受け取っていないか。

・割引依頼人の受取利息は預金残高や貸付残高に比べて異常に大きくないか。

・過去に割引した手形が不渡りとなった回数が多くないか。

・割引をした手形が不渡りとなっても、あせっていないか。

・振出人が法人の場合、代表者が裏書きをしていないか。

・個人名の第三者の裏書きがないか。

・割引依頼人が本業に比べて羽振りが良くないか。

③実態のヒアリング法

疑問のある手形は、ダイレクトに手形成因を聴取します。

　割引依頼人、特に社長の人柄に注意します。社長の接待交際が派手な場合は、本業以外の「あぶく銭」があることが多いものです。

　借入金利や市場金利をよく聞いてくる割引依頼人は要注意です。その金利を基準として、融通手形で金融を行っている可能性があります。

　割引手形が不渡りになっても慌てないのは、事前に情報があった場合です。金融手形の場合に散見される態度といえます。

担当者：最近景気がよさそうですね。こんなご時世なのに何かコツでもあるんですか。

取引先：いやいや…いろいろとね。ところで低金利はいつまで続くのかね。

担当者：このままでは、我々の金利で儲けは出ませんよ。市中の金融業者の金利がうらやましいですよ。何％位だと思いますか。

取引先：うん。○○％位なのか。

担当者：いい線ついてますね。さすがですね。

④具体的対応策

　１．割引依頼人の状態を把握します。割引依頼人も弱い企業であれば、相互融通手形の可能性が高いので、割引手形の再チェックを行い、当該手形を抽出します。また、当該手形の以降の持込みを断ります。さらに、他の貸出金を含め、保全の強化を図ります。

　２．割引依頼人が正常好調な企業の場合であっても、割引は本業によって受け取った手形を対象とするものであり、本業以外の成因は、すべて危険な手形といえるので、望ましい状況ではないと認識する必要があります。

　３．割引依頼人が正常好調な企業の場合は、今後、当該手形の割引に応じないようにします。

　４．割引依頼人が正常好調な企業の場合以外は、既存貸出取引を見直し、早急に全体の保全強化を図ります。当該手形は買戻してもらいます。

ケーススタディー⑨（粉飾倒産事例から）

　2021 年 11 月、ＬＥＤ照明や蓄電池のファブレスメーカーを "うたった" Ｊ社が破産開始決定を受けた。対外的には売上が拡大している「成長企業」に見せ、多くの取引先を巻き込んだ。

　2006 年に設立されたＪ社は設立時、債権の買い取りや買取代行業務を主業としていた。その後、2010 年 11 月に商業登記上の目的を「ＬＥＤ照明球の開発」などに変更して業態転換を図った。自社ブランドでオフィス用・展示用のＬＥＤ照明の開発・製造、販売を手がけた。Ｊ社が扱う製品は、2011 年度にＬＥＤ照明球分野で「グッドデザイン賞」を受賞するなど、一定の評価を得ていたとされる。

　この間、大手高速道路事業者との間で資本業務提携を結び、出資を受けた。対外的にＬＥＤ取引実績をアピールして対外信用の向上を図り続けた。会社公表の売上高は、2015 年 3 月期に約 55 億円だったが、2019 年 3 月期には約 223 億円、翌 2020 年 3 月期には 441 億円と、急成長していることになっていた。

　こうした中で「循環取引」が明らかになった。具体的な手口は次のとおり。Ｊ社は（架空の）蓄電池の受注があると謳い、卸業者の立場として取引に参加するように持ちかけた。卸業者はＪ社の実質的なグループ企業Ｋ社と同社の間に商社として介在することとなり、なかには複数社が 1 つの取引に入るケースもあったという。この取引に参加した卸業者は約 90 社あると言われ、業種、業界にかかわらず取引を打診していた。

　これらの不正な取引は、Ｊ社の実質的な支配者が関与するグループ企業の資金繰りを支援するために開始されたという。Ｋ社が卸業

者から前金で受け取った代金は、別のグループ会社を通じてＪ社に渡っていた。Ｊ社から卸業者に対しては、支払いサイトに応じた数カ月後に「一定額を上乗せ」して支払っていた。

　グループでは、前受金を受け取ってから支払いまでの期間に「ズレ」があることで、グループ間での資金融通の流れを作り出した。当初は必要な範囲内で行われていたようだったが、徐々にグループへの支援が多額に膨らんでいった。卸業者に対しての支払いも次第に難しくなっていくため、取引金額も膨らませた。実際に蓄電池の発注、納品が行われていない「循環取引」が明らかになると、急速にＪ社の信用は収縮していき、ついには破産に追い込まれた。

　こうした「大規模」かつ「急速な事業拡大」に、疑問を持つ取引先も少なくなかった。この間、投資家に対する蓄電池への投資勧誘の動きも聞かれ、あまりの高配当に不信感を抱く声もあがっていた。そもそもＪ社のビジネスモデル自体に、不審な点が散見されていたのだ。Ｊ社のケースでは金融機関との取引はなかったが、「大手企業との取引実績があるから融資をお願いしたい」と、一部金融機関に融資を打診していたようだ。

　急成長の裏側でその取引に実態があるのか、商流はどのようなものかなど、成長の背景やカラクリを明らかにすることの重要性をあらためて感じさせる事例だった。

2 信用状況

⑴信用照会が急に増えた

①担当者としてすぐに考えるべき項目

　取引先に対する信用照会が急に増えたような場合、担当者としてすぐに考えるべき項目は次のとおりです。
- 何か悪い噂が広まっているのではないか。
- 手形金額が大きくなっているのではないか。
- 手形の振出回数が急に増加したからではないか。
- 市中金融業者へ手形が渡ったのではないか。
- 売上が急に増加したのではないか。

②着眼点

　具体的な着眼点は次のとおりです。
- 基本的には望ましい状態ではなく、業界内での風評が悪化している可能性がある。
- 融通手形操作の可能性もある。
- 割引依頼人の信用状態が悪化している可能性がある。その場合は当該企業と取引のある手形発行人についても不安が発生する。
- 同じ金融機関から定期的に信用照会がある場合は、当該金融機関の管理が厳密な場合がある。
- 金融会社からの借入金等が発生している可能性もある。金融業者に手形が渡って、信用照会されるからである。
- 発行手形の金額が大きくなっていたり、手形発行頻度が増加していたりする可能性がある。通常であれば、手形を発行すれば仕入れを行っているはずである。その裏付けをとる必要がある。

実務的な確認事項としては、以下のとおりです。
・手形用紙の発行状況。
・交換呈示される手形の頻度の推移。
・手形金額の増加。
・売上自体の増減の状況。
・信用照会先の業種や状態。
・当該手形の金額がラウンドナンバーではないか。
・同じ信用照会先がたびたび出てきていないか、時系列の信用照会の状況。
・新規事業や新規仕入れルート拡大の事実はないか。
・取引先企業の業界内の風評の動向。
・取引先企業の業績の推移と予想。
・他金融機関からの借入状況。
・金融業者の利用状況。

③実態のヒアリング法

　決済している、あるいは信用照会される手形について、具体的な成因を個別に聴取します。社長あるいは経理責任者が、正確に状況を把握しているかどうかを確認します。金融手形を発行すると、期日管理が複雑になる傾向があり、即答できないケースがあります。

　業界情報や注目される個別企業の状態を聴取します。全体像から、振出人や受取人の状況を推測します。

担当者：最近の業界はどうですか。悪い噂のある会社もあるみたいですね。

取引先：それは困るな。

担当者：ところでB社との取引があるようですが、商品は何ですか。

取引先：ああ、Bという商品だよ。

担当者：数量はどれくらいなんですか。返品はあるんですか。

取引先：うん、まあね…。

④具体的対応策

　１．手形発行自体が増えていないかどうかをチェックし、増えているのであれば、具体的な理由を確認します。業績が伸びる時期には、もちろん増加することもあります。

　２．企業業績を確認します。安定的に伸びていれば問題はありませんが、赤字基調で業績が低迷し、かつ信用照会が増える場合は要注意となります。

　３．信用照会の相手方の素性を調査します。信用照会の増加が、自金融機関の取引先に起因するものか、相手先に起因するものかを見極めます。

　４．以上の調査で疑惑があれば、資金繰りや業績に問題が発生していると考えるべきで、自金融機関の貸出金の返済状況・保全状況をチェックします。

(2)市中金融を利用しているとの噂が流れている

①担当者としてすぐに考えるべき項目
　市中金融を利用しているとの噂が流れている場合、担当者としてすぐに考えるべき項目は次のとおりです。
　・短期の決済資金に苦しんでいるのではないか。
　・業績が相当悪化しているのではないか。
　・事業会社や個人からの借入もあるのではないか。
　・急場しのぎで借りたのではないか。

②着眼点
　具体的な着眼点は次のとおりです。
　・市中金融の利用が短期決済資金不足に対応するものか、恒常的借入

かを見極める。利用による弊害、利益の圧縮の程度を計算する。

・手形の利用で疑わしいものがあれば、市中金融利用の確率は高い。市中金融業者だけでなく、一般事業会社や個人から借入するケースもある。

・決算期で市中金融からの残高がゼロであれば中途段階、決算期でも残っていれば、借りざるを得ない状況と考えるべき。所有不動産の謄本を入手し、担保の設定状況を確認する。

実務的な確認事項としては以下のとおりです。

・支払金利の水準を把握する（借入残高と比較する）。

・資金繰り表を入手し、借入先名のない借入予定の有無を確認。

・当座の平残・決済状況をチェックする。

・交換呈示される手形・小切手の入金人・裏書き・金額を確認する。

・市中金融業者らしき口座への振込みはないかを確認する。

・決算書の科目明細を入手し、借入金の項目、支払利息割引料の明細を確認する。

・手形用紙の発行が増加していないか。

③実態のヒアリング法

　支払金利の増加理由を聴取します。借入残高に対する比率が高い場合は、そのことを明示して理由を確認します。

　資金繰り表の内容を、個別に聴取して埋めていきます。「ちょっと足りなかったので知人から借りた」という回答があった場合、市中金融からの借入とみて間違いありません。「緊急の場合は銀行や信用金庫以外から借入するのも仕方ないでしょう」と水を向けてみます。

担当者：決算書を見てましたら、支払金利が多いですね。大変ですね。

取引先：そうだろう？ 金利下げてくれよ。

担当者：いやいやうちはもともと低いですから。でも緊急のときは仕方ない点もありますよね。

取引先：というと……。

担当者：いやいや他意はないんです。あれも金融システムの一環ですか
　　　　らね。

④具体的対応策

　１．多くの場合は、「$\dfrac{支払金利}{借入残高}$」で把握できるので、決算書や月
次資料を入手してチェックします。借入残高は期中平残とします。

　２．債務者の不動産の謄本を入手します。既存担保設定と変わりがな
ければ安心できますが、登記留保の可能性もあるので注意します。もし
も市中金融の登記があれば、末期的症状と考えられます。

　３．債務者の資産の実在性を調査します。決算書に載っているにもか
かわらず現物がないという場合は、担保として差入れしているか、資金
繰りのために換金していることが考えられます。

　４．業績と資金繰りの予想を立ててもらいます。市中金融の借入を抱
えたままで、事業が成立するのか、風評が出ているために、営業面での
悪化や他の金融機関からの借入がうまくいっていないかどうかも含めて
予想してもらいます。

(3)取引金融機関の数が急に増えた

①担当者としてすぐに考えるべき項目

　取引金融機関の数が急に増えたような場合、担当者としてすぐに考え
るべき項目は次のとおりです。

・売上が伸びて資金需要が出てきたのではないか。

・複数の金融機関と取引することで借入不能リスクをヘッジするので
　は。

・設備投資を計画しているのではないか。

・他金融機関の受入状況に変化があったのではないか。

②着眼点

具体的な着眼点は次のとおりです。

- 取引金融機関の増加は、一概に危険信号とは判断できない。金融機関側の問題で残高が減少する事例も多い。
- 売上や経常運転資金の増減と借入の増減を、まずマクロの観点からチェックする。
- 単純な金融機関数の増加は、既存借入枠を使い出したということでやや危険信号。逆に預金もなかった金融機関からの借入増加は、別途理由がある。
- 不動産担保の設定状況をチェックする。

実務的な確認事項としては以下のとおりです。

- 時系列に借入残高の推移表を作成する。
- メインバンク・サブメインバンクの残高推移。
- 各取引金融機関との借入条件はどうか。
- 担保の設定状況はどうか。
- 借入自体の増減はどうか。
- 売上の増減はどうか。見通しはどうか。
- 経常運転資金の増減はどうか。
- 設備投資の状況、計画、何らかのプロジェクトがあるのか。

③実態のヒアリング法

取引金融機関の増加理由をダイレクトに聴取します。通常であれば、冷静かつ論理的な回答が得られるはずです。

個別金融機関の借入金と資金使途のリンクを確認します。

紹介による金融機関増加であれば、紹介を頼んだのか、金融機関から取引開始を依頼されたのかを聴取します。

既存取引金融機関の融資枠を推測します。

担当者：御社は多数の金融機関と取引があり、人気がありますね、うち

なんて忘れられてしまうんでしょうね。

取引先：嫌み言うなよ。いろいろ紹介され、口座を使ってくれって言われるんだ。

担当者：そうですか、借りたお金はどうしてるんですか。社長がまさかそのまま預金にはしないでしょう。

取引先：そりゃそうさ。いろいろとね。

④具体的対応策

１．取引金融機関数の増加は、前向きに捉えられる場合と、経営悪化の兆候として捉えられる場合があります。

２．前向きに捉えられる場合は、その背景に事業計画があるものと考えられるので、その内容を確認します。計画内容から、借入効果を判断し、自金融機関の位置付けを認識します。

３．経営悪化の兆候として捉えられる場合は、さらに詳しい状況を把握します。資金繰り表により、メインバンクの態度を推測します。特に他金融機関の枠を使い出した場合は、どこかが回収していると考えたほうがよいです。

⑷融資プロジェクトが当初計画より遅れている

①担当者としてすぐに考えるべき項目

融資プロジェクトが当初計画より遅れているという場合、担当者としてすぐに考えるべき項目は次のとおりです。

・計画自体に無理があったのではないか。

・事業環境が大きく変わったのか。

・融資をしている他金融機関はどう出るか。

・プロジェクトの遅れは業績にどれだけ影響するのか。

②着眼点

　具体的な着眼点は次のとおりです。

・プロジェクト計画の遅れは望ましくない。当初計画とのかい離を
チェックし、当初計画が甘かったのか、大きな環境の変化があった
のか原因を確認する。当該プロジェクトはどうなるのかの見極めが
必要となる。

・融資している他金融機関の態度も大きなポイント。融資各金融機関
の協調が崩れれば致命的。業績への影響度合いも重要である。

　実務的な確認事項は以下のとおりです。

・当初計画との差異（遅れの度合等）、遅れの原因を確認する。

・業績への影響はどうか。

・対応する融資の各金融機関シェアはどうか。

・融資金の返済への影響はどうか。

・改善計画の妥当性はどうか。

・他金融機関の動向はどうか。

③実態のヒアリング法

　当初の計画を材料に、詳しく実行実績との差を聴取します。プロジェ
クト融資である以上、大まかな説明では許されないことを伝え、なぜ遅
れているのか、今後どうなるかをよく聞きます。

　場合により他金融機関とも今後の動向について情報交換を行います。
企業からは今後の計画を文書で必ず提出してもらいます。

担当者：あのご融資した開発ですが、遅れているようですね。

取引先：早耳だな。今度説明に行くよ。すぐ追いつくんだけどね。

担当者：そうですか。説明には新たな計画書と資金繰り表を頼みますよ。

取引先：そんなものが必要なのか。おれを信用しろよ。

担当者：信用しているからご融資してるんですよ。でも計画書がないと、
　　　　　われわれも素人なので、いろいろ説明しなくてはならないこと

があってもできないんですよ。

④具体的対応策

1．当初計画との差をまず把握し、どのような要因で遅れているのか、改善される可能性はあるのか、あるのなら、その時期はどうかを確認します。他金融機関の協調が得られているかどうかも確認します。

2．修正された計画を入手し、十分に説得性のある修正計画なのか、遅れている要因は解決されプロジェクトは完成するのかを確認します。金融機関取引はどんな計画になっているのかも確認します。

3．修正計画を判断した結果、プロジェクトが頓挫する可能性が高ければ、保全強化や資金回収を考えます。その他の担保を取り入れるほか、余剰資金は必ず早期回収して流用させないようにします。また、実態の資産を全て調査しておきます。

(5)メインバンクの融資シェアが低下している

①担当者としてすぐに考えるべき項目

メインバンクの融資シェアが低下しているという場合、担当者としてすぐに考えるべき項目は次のとおりです。
- ・メインバンクが徐々に撤退を始めたのではないか。
- ・企業側がメインバンクを見限った場合もある。
- ・定期預金と相殺したのではないか。
- ・手形割引や借入総額も減っていないか。
- ・債権の流動化やオフバランス化という場合もある。

②着眼点

具体的な着眼点は次のとおりです。
- ・メインバンクのシェア低下には様々な要因があって、一概には判断できない。企業側の意図によるものか、金融機関側の意図によるも

のかを把握する。当該企業が明確に説明できるかがポイント。
・メインバンクが出向者を引き揚げていれば、撤退の意思表示とみてよい。
・融資シェアが大きく変動している場合には、担保処分を疑う。不動産処分→担保部分回収による残高変動もある。債権の流動化、オフバランス化の可能性もある。
・業績が悪化していて資金繰りが多忙な企業の場合は、危険な兆候である。
実務的な確認事項としては以下のとおりです。
・金融機関からの借入の時系列比較。
・長期資金の約定返済が進んでいるのかどうかの確認。
・メインバンクから折り返し実行が出ていないのかを確認。
・手形割引が減っているのかを確認。
・借入総額自体が増加しているのかを確認。
・メインバンクが担保としている物件が処分されたのかを確認。
・定期預金と相殺をしたのかを確認。
・メインバンクが何らかの不安材料を握って引き揚げているのか、一時的なシェアダウンなのかを確認。
・メインバンクからの出向者の状態はどうかを確認。

③実態のヒアリング法

　メインバンクの動向、メインバンクと取引先とのコミュニケーションの状況を聴取します。また、資産処分の状況を聴取し確認します。
　一時的なシェアダウンかどうか、資金繰り表をもとに聴取し確認します。
担当者：メインバンクの残高が減ってますが、あの銀行は何かあるんですか。
取引先：いや、いい銀行じゃないのか。

担当者：じゃあ御社の側から積極的に返済したんですか。

取引先：ちょっと支払い金利の高いのがあってね、株式を売って返済したんだよ。

担当者：メインバンクからの融資シェアを減らすと、他の金融機関が敏感になりますよ。

④具体的対応策

１．シェア低下はメインバンクの意思なのか、当該企業の意思なのか、客観情勢なのかを確認します。この確認にあたっては、当該企業の業績はどうか、メインバンク以外の金融機関の態度はどうか、出向者の状況はどうか、などを確認します。

２．当該企業の意思によるシェア低下ならば、自金融機関に対する方針は、現状維持か、メインバンクと同様にシェアダウンの対象なのか、シェアが増加するのかを確認します。

３．メインバンクが撤退方針の場合、通常は企業維持にとって重大な状況であると判断できるので、自金融機関の貸出金の保全を確認し、強化策を練ります。

(6)オーナーの個人資産が大きく減少している

①担当者としてすぐに考えるべき項目

オーナーの個人資産が大きく減少しているような場合、担当者としてすぐに考えるべき項目は次のとおりです。

・経営する会社の業績が悪化したため、資産を提供したのではないか。

・投融資に失敗したのではないか。

・税務対策で意図的に減らしたのではないか。

・保証債務を嫌がり、資産を隠したのではないか。

・家族名義にしたのではないか。

②着眼点

具体的な着眼点は次のとおりです。

・オーナーの資産は把握されていないケースが多いが、重要な項目である。

・経営する会社の業績が悪化した場合、個人資産を提供するのは良心的なオーナーである。逆に、保証履行請求に備えて資産を隠そうとするオーナーも多い。不動産の場合は名義の変動と担保の移動に注意する。

・オーナーの性格の把握が重要である。所有会社の業績や資金繰りの状態によって、資産状況を推測できる。

実務的な確認事項としては以下のとおりです。

・減少した資産の具体額、内容を把握する。

・単なる名義変更なのか、利益確定の売却なのか。

・債務返済のための売却なのか。

・新規事業への投資に変わったのか。

・所有する会社の資金繰りに使ったのか。

・法人へ資産移転したのか。

・税務対策などで意図的に移動したのか。

・保証債務の実行に備えて、資産を隠したのか。

・株式の移動は要注意。特に非上場株式の移動は資産移動に使われる。

・海外送金もチェック。

・家族名義も要チェック。

③実態のヒアリング法

所有会社の業績や資金繰りについて聴取します。入手した資料から判断できる状況に対して楽観的な姿勢であれば、資産隠しの疑いがあります。良いことを言いながら、一方で資産を隠しているということもあります。

一方、実態どおりであって、今後の計画に具体性があれば、信頼することも可能です。

オーナーの資産を自慢させることもヒアリングのテクニックです。

担当者：社長のところはご商売も順調のようですね。儲かってますね。

取引先：いやいや、うちなんて大したことないよ。

担当者：先日社長のお名前の物件を売ったようですが、だいぶ儲かったでしょう。

取引先：いやあれはね、税金対策だよ。いろいろね。

担当者：売ったお金、預金してくださいよ。

取引先：いやあれはね…、もうないんだ。

④具体的対応策

1．オーナーの性格について、正直者なのか、立ち回り的人間なのかを把握します。個人資産について、あくまでも個人のものとして捉えているのか、会社と一体と考えているのか、オーナーの考え方を見極めます。家族名義の資産についても調査します。

2．所有している会社の経営状態はどうかを見極めます。安定、堅調に推移していれば、資産移動は積極的展開が理由と考えられます。あるいは税務対策によるものと考えられます。

3．所有している会社の経営状態が悪ければ、資産が減った理由を確認します。もし資産隠しということなら、計画倒産もありうるので、早急に保全強化を図ります。

第2節

訪問・面談観察からの粉飾の手掛かり

1　企業の営業・販売力の変化

(1)販売先がしばしば変わる

①担当者としてすぐに考えるべき項目

　販売先がしばしば変わるという場合に、担当者としてすぐに考えるべき項目は次のとおりです。

- ・取扱商品に問題があるのではないか。
- ・競合他社に既存先を奪われていないか。
- ・新商品開発により販売先が変わるのではないか。

②着眼点

　業種、季節性、一品当りの金額に着眼して検証します。販売先が変わることが不自然かどうか見極めます。つまり、必ずしも不芳な事象とはいえないケースもあります。

　販売先が変わる原因としては、①製品・商品の品質に問題があり、販売先の支持を得られていない、②セールスマンの販売力不足で基本商品では勝負できないため、常に新しいジャンルへの展開を模索している、などがあります。このほか、③関連会社等に押し込み販売をしているこ

とも考えられます。

　主なチェック事項は以下のとおりです。

　・当座預金への振込み入金、入金小切手の振出人、割引手形の振出人・
　　引受人が変わるか。

　・製品・商品の品質。取扱商品の状況。同業他社の動き。

　・販売先には親密な取引先や関連会社が含まれていないか。

③実態のヒアリング法

　上位販売先の販売数量、取引条件を聞き出します。前年同時期の明細
と比較して、増減の理由などを聞き出します。

　新規銘柄が出たら何を販売したのか、新規取引ができた理由を聞きま
す。

④具体的対応策

　１．なぜ販売先が安定しないのかについて、詳細調査を行います。販
売先へ納入している品物、金額、取引条件をヒアリングし、半年前や１
年前の同時期の資料と比較してみます。変化があれば、つぶさに調査し
ます。

　２．新しい販売先が登場していることが確認できたら、この販売先は
どのように開拓したのかヒアリングします。前向きな要因なのか、後ろ
向きな要因（例えば押し込み販売）なのかを確認します。総売上高に占
める当該新規販売先への納入シェアをチェック、上位10社までの販売
シェアを１年前と比べ、変化を調べます。新規販売先により、売上高全
体が増加しているようであれば、販売力の強化による前向きなものと見
てよいです。

　３．売上高を維持するために不正な動きがないかをチェックします。
新規販売先への粗利益額（売上高－売上原価）を調べ、赤字となってい
ないかを確認します。関連会社などへの押し込み販売はないかも確認し

ます。特に不良品を関連会社に押しつけた場合、グループ全体に損失の影響が出るので要注意です。

(2)売上高が激減した

①担当者としてすぐに考えるべき項目

　売上高が激減したような場合、担当者としてすぐに考えるべき項目は次のとおりです。

- ・商品に何か問題が発生したのか。
- ・強力なライバル会社が出現したのか。
- ・大口販売先が倒産したのではないか。
- ・前期がむしろ良すぎたということはないか。
- ・セールスが弱体化したのか。
- ・構造的な不況のせいか。

②着眼点

　売上高の激減は、イ．製品・商品自体の欠陥によるもの、ロ．マーケットの重要な変化によるものとに大別できます。特に問題となるのは、マーケットの変化によるもので、自社の売上に大きな影響が出ます。他の要因として、生産・仕入に問題が生じ、販売しづらくなっていることが想定されます。販売のやり方に重要な問題を抱えている場合も、売上に影響してきます。

　主なチェック事項は以下のとおりです。

- ・全体の売上高のうち、どの取扱品目が減少したのか。
- ・生産か仕入に不具合が生じて、売上高を維持することができなくなったのか。
- ・価格設定の誤りにより、安売り業者に顧客を奪われているのではないか。
- ・商品自体に流行遅れがあり、返品が増えていないか。

③実態のヒアリング法

直接、売上高の減少原因について質問することが賢明です。

担当者：前期に比べ、当期の売上高は〇％ダウンしていますが、主な原因を教えて下さい。

これに対する返答次第で、当社に起因するものと、全体の市場環境に起因するものとを把握します。

④具体的対応策

１．なぜ、売上高が激減したのかを調査します。製品・商品自体に欠陥があり、その結果、在庫が不良化していないか、仕入・生産に問題がないかも調査します。販売のやり方や営業担当者自体に問題がないかも調査します。

２．振込入金や受取手形が減少し、資金繰りに影響していないかを調査します。入金日と支払日を再確認し、決済が滞りなく行われているかを確認します。もし、資金繰りに影響している場合は、融通手形操作や高利金融に手を出さないようにアドバイスします。資金繰表の提出を受け、当面の収支についてチェックします。

３．今後、売上高が増加する可能性があるのか見極めます。販売手法自体に問題があれば、マーケティング面など可能な限りアドバイスします。もし、売上増の見通しが立たない場合は、在庫の圧縮や仕入の調整、あるいは事業転換が可能かどうかも見極めます。こうした場合、金融機関としては当面の資金繰りに注意しながら、貸出は担保面の充実を図り、売上高の回復を待つなどの姿勢も必要となります。

(3)商品の投げ売りをしている

①担当者としてすぐに考えるべき項目

商品の投げ売りをしているような場合、担当者としてすぐに考えるべき項目は次のとおりです。

・生産ミスにより不良品が大量に出たのではないか。

・急に資金がどうしても必要になったのではないか。

・流行遅れのものを換金したのではないか。

・取扱商品の構成を大幅に変更するためではないか。

②着眼点

　こうした事象が見られる場合、企業は相当に資金繰りに窮していることが考えられます。融資スタンスとしては、最悪の事態を考えて臨みます。資金繰り以外の原因としては、商品の陳腐化、欠陥商品の生産または購入による売却、新商品の開発に伴う旧商品在庫の一掃、季節商品の販売予想が大幅に外れた場合が考えられます。

　主なチェック事項は以下のとおりです。

・季節商品であれば、今後シーズン中に売却できる可能性があるのか。

・資金繰りに影響はないか。

・在庫調整の必要がないか。

③実態のヒアリング法

　問題事象は、資金繰りに窮しているために、安売りしなくてもよい商品を採算度外視で売却することです。

担当者：商品の売却を急がれていますが、理由は何ですか。

　　　　　商品の売却による利益確保はなされていますか。売却を急ぐ具体的根拠をお伺いしたいのですが。

　こうしたヒアリングにより資金繰りに窮していることが判明した場合、貸出金の保全措置を急ぐことになります。

④具体的対応策

　1．商品を売り急ぐ理由を確認します。売り急いでいる商品が何かを把握し、理由・具体的な根拠を確認します。その商品が季節商品や流行

遅れ品であれば、在庫として次期に繰り越すことが妥当かどうかを検証します。また、新商品投入のための在庫調整であれば、採算がとれる販売をしているか確認します。これらに当てはまらず、資金繰りに窮しているために商品を売り急ぐのであれば、至急、追加の保全措置を講じることも必要となります。

　２．資金繰りのためや欠陥商品の投げ売りの場合は貸出金の保全措置も検討しなければなりません。資金繰表を確認し、当面の収支状況を確認します。欠陥商品の場合は、一過性のものか、経営に影響するほどのことか見極めを行います。あわせて、融資先に対する同業者や近隣業者の風評もヒアリングのうえ、チェックします。

　３．商品の投げ売りがスポット的なものか末期的段階のものかを考慮して対応します。スポット性のものであれば、投げ売り後の収支の状況をチェックします。末期的段階の投げ売りであると判明すれば、売上金回収をトレースし、貸出金の保全など緊急処置が必要となります。

(4)在庫が急激に膨らんでいる

①担当者としてすぐに考えるべき項目

　在庫が急激に膨らんでいる場合に、担当者としてすぐに考えるべき項目は次のとおりです。

・マーケットが広がり、商品の売れ行きが好調なのか。
・仕入ミスで過大な投資をしたのではないか。
・生産の見込み違いをしたのではないか。
・製品・商品内容が悪く売れ残り、返品が増えたのではないか。
・棚卸資産を増やす粉飾決算をしたのではないか。

②着眼点

　在庫が急激に膨らむ正当な理由には、商品の売上が好調で在庫を増やした、マーケットが広がった、商品の価格が上がった、経営判断でこれ

から商品の価格が上昇するとみて前倒しで仕入を増加させた、などがあげられます。これらの場合、問題は特にないといえます。

　逆に良くない理由で増加するのは、売上を無視して過大な仕入を行った、生産の見込み違いをした、商品自体に欠陥があり売れ残りや返品が多い、といったケースです。

　主なチェック事項は以下のとおりです。
　・売上高に対比した在庫増加であるが、資金繰りに影響はないか。
　・在庫増加の理由が前向きなものであるか。
　・在庫を実際に点検し、仕入ミスか、売上低下か、返品増加かを目で
　　見て確かめる。

③実態のヒアリング法

　前向きな事象以外での在庫増加、すなわち不良在庫の増加ではないのかを確認します。

担当者：実際の決算書（棚卸資産）と倉庫の在庫を見せていただけませ
　　　　んか。
　　　　急激に在庫が増加しているようですが、どういう理由に基づく
　　　　ものでしょうか。

　こうしたヒアリングにより増加した在庫が不良在庫となるおそれがあると判明した場合、貸出金の保全措置を急ぐほか、各種支援を検討することになります。

④具体的対応策

　1．在庫の中身を確認して対応策を検討します。在庫が前向きな理由によるものではなく、後ろ向きな理由で最も危険なことは、将来売却の可能性がない「不良在庫の増加」です。また、粉飾決算に基づく在庫の水増しも考えられるので、実際の在庫を目で確かめることも必要です。もし、資金繰りに支障を来しているような事態であれば、商品担保差入

も検討します。

　２．デッドストック（不良在庫）となっている場合には、資金繰り状況を確認し、売上が続かなくても当面の仕入決済が行えるかどうかを確認します。そして、棚卸資産の増加に基づく貸出の申込となった場合は、保全措置を講じた上で対応する必要があります。さらに、売却可能性のある流通ルートの紹介など、金融機関として可能な限りの支援を行います。

　３．粉飾に基づく在庫の計上がある場合には、粉飾に至った真の原因を究明します。商品在庫の水増しによる利益計上の疑いがある場合には、大幅赤字の可能性もありますから、貸出金の緊急的保全措置の必要が出てきます。

(5)売上金の回収状況が悪くなってきた

①担当者としてすぐに考えるべき項目

　売上金の回収状況が悪くなってきたという場合に、担当者としてすぐに考えるべき項目は次のとおりです。

・販売先の資金繰りが悪く回収が遅れているのではないか。
・セールス担当者が販売のみに注力し、集金業務の手を抜いているのではないか。
・季節ものの商品の返品が増加しているのではないか。
・販売先の倒産が増加していないか（不良債権の増加）。

②着眼点

　売上金の回収状況の悪化要因は、売上高の不足が最大原因です。取引先との関係において、相対的に力関係が弱くなっていたり、無理に商品を引き取ってもらい、納品書だけを計上したりしている場合も考えられます。

　商品性としては季節商品の返品が多く、しかも商品に欠陥があり、取

引先からクレームを受けているケースもあります。イ．販売先に不況業種が多い、ロ．販売力が低いため無理な売込みを繰り返している、ハ．優良取引先は競合他社に取られて、悪い取引先にしか販売できていない、ニ．販売先に対する資金回収管理が未整備である、などといったケースも不振の原因として考えられます。

　主なチェック事項は以下のとおりです。

　・売上高の推移と、当座預金残高、被振込入金状況。

　・主力商品の売上不振が目立っていないか。

　・入金、振込日の回収状況。

③実態のヒアリング法

　大口販売先からの回収が遅れれば、資金繰り状況の見直しをヒアリングする必要があります。小口のものであっても、資金回収管理の未整備を疑うべきです。

担当者：A社は大口販売先ですが、どの銀行に、いつ、どのくらいの金額が、どういう方法で入金されるのですか。

④具体的対応策

　１．売上高増加率と売掛金増加率を比較して、回収が遅れている要因をヒアリングします。商品力、販売力、販売金回収力が不足していないかどうかも確認します。赤字決算をカバーするために、売上高や売掛金を実際より増やす粉飾をしていないかどうかも確認します。回収手形サイトが長期化していないかなど、他の要因も調査します。

　２．決算への影響はないか検証します。毎月継続して試算表を徴求して売上高と売掛金、受取手形の残高推移をチェックします。毎期続けて、売掛金の増加率が高い場合は、毎年実質赤字ではないかを疑います。こうした場合は資金繰りに行き詰まり、融通手形を行うようなことはないかチェックします。

3．経常運転資金の融資限度をしっかり決めます。売掛金の増加や回収不良を原因とする融資は他の融資と異なり、保全を考慮する必要があります。実際には不良の売掛金が、未収入金や貸付金となっているものもありますので、試算表ベースで常にヒアリングが必要です。

(6)大口販売先を失った

①担当者としてすぐに考えるべき項目

　大口販売先を失ったというような場合に、担当者としてすぐに考えるべき項目は次のとおりです。

- ・強力なライバルの出現で取引を解消されたのではないか
- ・商売上のトラブルが原因で納入ストップとなっているのではないか
- ・価格・品質等の取引条件が合わず取引を解消されたのではないか

②着眼点

　大口販売先を失えば、売上は目に見えて減少するはずです。大口販売先を失う要因としては、イ．取扱商品の変化により販路が大幅に変更となった、ロ．大口販売先の業績不振や倒産で従来のような販売ができなくなった、ハ．当社取扱の製品・商品が品質上受け入れられなくなった、ニ．ライバル社の攻勢や取引条件の違いで当社が完全に負けた、ホ．人的なトラブルがあり販売がしにくくなった、などが考えられます。

　主なチェック事項は、以下のとおりです。

- ・会社案内や決算書の売掛金・受取手形を注視し、販売先の構造に変化はないか。
- ・売上高の推移はどうか。
- ・販売先の倒産はないか。
- ・親会社からの発注は減少していないか。

③実態のヒアリング法

　決算書から売掛金、受取手形明細等の変化を読み取り、直接聴取することが効果的です。

担当者：御社の主力販売先Ａ社ですが、このところ当行に振込が入らなくなりましたが、何かありましたでしょうか。

④具体的対応策

　１．まず、実態の確認を行います。大口販売先からの受注がなくなったことが判明した場合は、その取引先がなぜ取引をやめたのかの原因を調査します。自社自体に問題がある場合は問題点を検討します。なお、販売条件が合わなかったことが要因という場合は大きな問題とはしないでよいです。一方、製品・商品にクレームが原因で取引がなくなったというような場合は、他の販売先への影響も考える必要があります。取扱商品に大幅な変化があったことが要因という場合は、新たな取扱商品に将来性があるのか検証します。

　２．当該の大口販売先がなくなっても、売上・利益の維持ができるのか検証します。特に、大口取引先が倒産した場合は、不良債権や損害額の存在を直ちに調査します。他社に取られたというケースでは、その大口販売先がなくても当面の資金繰りは大丈夫かの見極めを行います。

　３．大口販売先からの受注がなくなったために過剰在庫が発生し、資金繰りに影響を及ぼす可能性がある場合は、代替の販売先を見つけ出して、販路を確保する必要があります。製品の切り替えや同業者への販売で、当座資金を確保するような取組みも求められます。金融機関としては、不渡り発生に備え、貸出金の保全措置を講じるなどの手当ても必要となります。

(7)顧客からのクレームが増えている

①担当者としてすぐに考えるべき項目

　顧客からのクレームが増えているというような場合、担当者としてすぐに考えるべき項目は次のとおりです。

- ・製造技術が大幅に低下しているのではないか。
- ・会社のキーマンの退職者が出ていないか。
- ・返品が相次いでいないか。
- ・仮払金や保険金請求の処理が増えていないか。

②着眼点

　顧客からのクレームが増える要因は、製造業であれば生産過程における不良品の発生が第一と考えられます。サービス業であれば、人的対応のミスが考えられます。また、納期の約束を守れないケースのほか、流通過程における注文の取り違えも考えられます。

　一次的な対応を怠り、対応のまずさから顧客の怒りを増長させたケースもあります。

　主なチェック項目は以下のとおりです。

- ・会社に人がおしかけたり、苦情の電話で忙殺されていないか。
- ・営業責任者が対応に追われ、不在がちとなっていないか。
- ・技術・生産ラインで通常の生産が止まり、修正の対応に追われていないか。
- ・訴訟にまで発展していないか。

③実態のヒアリング法

　起きている現象をとらえ、直接的ではなく間接的に事実の確認に努めるようにします。

担当者：最近会社でお困りのことが起きているようですが、何かお役に

立てることはありませんか。

どのくらいの資金がご入用ですか。

社長のみならず複数部署の人に広く浅く尋ね、クレームの実態と対処方法を探ります（社長は会社の恥になることを積極的には言わない傾向があります）。

④具体的対応策

１．クレームの事実確認を第一に対応します。生産品の欠陥か人的対応によるものか確認します。あわせて、訴訟に発展するレベルにあるかも見極めます。生産部門に対するクレームでは現状のままであれば将来にわたり、課題となることが多いので、善処策を一緒に対応します。製造原価、販管費、廃業費用など損害がどのくらいのものになるのかも見極め、資金繰りに影響しないかも査定します。

２．クレーム解決をどのように対処するか見極めます。どんなクレームでも顧客の声を無視することはできないので、解決策を見極めます。生産方式の変更から教育研修の変更まで、資金面やアドバイス面で、金融機関として役に立てることを提案するようにします。

３．当該クレームにより会社に大損害が及ぶことが確認できた場合は、損害額の査定を至急行い、資金調達の可能性を探ります。保険等に加入しているか確認し、会社の実際の損害額がどのくらいになるか見極めます。場合によっては倒産に至る危険性もあるので、貸出金保全を視野に入れた行動をとる必要もあります。

(8)実力のある担当者が退職した

①担当者としてすぐに考えるべき項目

実力のある担当者が退職したというような場合、担当者としてすぐに考えるべき項目は次のとおりです。

・会社の業績に大きく影響しないか。

・業界内で将来性に決定的に希望が持てなくなる事態が発生していないか。

・人事上の待遇、収入面に問題はないか。

・個人的な不正に関することが発端ではないか。

②着眼点

　実力のある担当者は、会社にとって重要な存在です。それだけに、突然退職したような場合は、会社に何か問題があるのではないかと考えるべきです。ただし、退職は個人的な部分もかなり占める問題であることから、過敏になる必要もないともいえます。

　主なチェック項目は以下のとおりです。

・業界内での地位が低下しているのではないか。

・担当者にとって活躍の場が乏しくなったのではないか。

・相対的に他の職場のほうが将来性があると判断したのではないか。

・人事待遇面や職場環境についても相対的に悪くなったのではないか。

③実態のヒアリング法

　人事部か、その担当者の上下にいる従業員に直接ヒアリングすることが効果的です。

担当者：××さんの退職はとても残念ですが、どのような理由でやめられたのですか。

　担当者を含め、実力ある社員が多数離職してしまうようなケースは、実態把握に努めることが非常に重要となります。

④具体的対応策

　1．金融機関として現状から抜け出すために積極的に支援できないか考えるようにします。積極的に融資やコンサルテイングで支援し、業界内での地位の向上、担当者にとっての働きがいのある職場作りを支援し

ます。中小企業では人事待遇面に問題のあることが多いため、人事・労務サイドと共に将来へ向けての対処策を策定します。福利厚生の改善など、会社経営上の課題について議論することも大切です。

　２．将来性が見られないとして消極的な方向へ進むべきかどうかも視野に入れます。経営者自身の考え方そのものに問題があり、人材のさらなる流出が想定される場合や、業界内での地位がますます低下する場合、資金調達に余力がない場合などは、金融機関として取引を消極化させることも考えます。

　３．当面の会社の業況がどのように影響するか見極めます。実力のある担当者の退職により、売上高の減少、資金繰りに支障をきたす可能性がある場合は要注意です。特に、成長や将来性が少ないとみられる企業の場合は、融資額の縮小も視野に入れて対応します。

2　生産力・技術力状況の変化とそのチェック

(1)工場が操業時短に入った

①担当者としてすぐに考えるべき項目

　工場が操業時短に入ったというような場合、担当者としてすぐに考えるべき項目は次のとおりです。

　　・受注が減少したのではないか。

　　・売上が減少したのではないか。

　　・パートタイマーや臨時雇用者を減らしたのではないか。

　　・周辺の産業への影響はどうか。

②着眼点

　操業時短に入る会社は、構造的不況業種であることが多いと考えられます。操業時短に入る原因には、イ．海外生産もしくは海外からの輸入

のほうがコストダウンとなるケース、ロ．外注へ出すほうがコストダウンとなるケース、ハ．在庫過剰や生産計画のミスにより緊急的に時短に踏み切るケース、などが考えられます。

　主なチェック項目は以下のとおりです。

・操業時短により売上減少はどの程度となるか。

・操業時短により利益減少はどの程度となるか。

・設備資金の返済にはどの程度影響するか。

・若手社員の採用・定着にどの程度影響が出るか。

・仕入先や下請企業にどの程度影響するか

③実態のヒアリング法

　企業トップにヒアリングすることが、的確な事態の把握に最も効果的です。

担当者：今回の生産調整の狙いはどのようなものでしょうか。

　操業時短が一時的なものか、恒常的なものかを見極めるようにします。

④具体的対応策

　１．時短に至った実態の把握が必要です。どの製品を調整するのかヒアリングし、売上高の減少の比率と利益率への影響を正確に確認します。その他、労働時間の減少の割合についてもヒアリングします。業界動向や業況をヒアリングし、時短が一時的なものか恒常的なものかを見極めます。

　２．同業他社や業界全体との比較情報を収集します。業界一般より高い比率で減産していないか調査し、一般より高い比率で減産しているとしたら、問題があるケースが多いと捉えます。また、今後の需要回復見込み、長期的展望などについて、調査データをもとに経営トップにヒアリングします。

　３．滞貨減産資金で支援するかどうかを見極めます。支援が難しい場

合は担保範囲内の融資支援となるほか、過度の減産の場合には保全措置も必要となります。

(2)優秀な技術者が他社に移った

①担当者としてすぐに考えるべき項目

　優秀な技術者が他社に移ったというような場合、担当者としてすぐに考えるべき項目は次のとおりです。

- ・当該技術者が他社に移ることで、会社の売上高や将来性に大きな影響を与えないか。
- ・研究開発費が十分予算化されているか。
- ・会社の将来性は十分か。
- ・後継の技術者を確保する手立てはあるか。

②着眼点

　優秀な技術者は、会社にとって重要な存在です。同業他社に転職したような場合は、会社に何か問題があるのではないかと考えるべきです。ただし、個人的な事情により退職することも多いので、様々な観点から原因を捉えることが必要です。

　主なチェック項目は以下のとおりです。

- ・業界内での技術面での地位の低下が見られるのではないか。
- ・技術者に対し、自由な開発環境を与えていないのではないか。
- ・相対的に他の職場環境のほうが活躍できると判断したのではないか。
- ・人事待遇面についても相対的に低くなったのではないか。
- ・技術者がめざす方向性と会社の方向性が異なっているのではないか。
- ・十分な研究開発費が手当てできていないのではないか。

③実態のヒアリング法

　人事部かその技術者の下の従業員に、直接ヒアリングすることが効果

的です。

担当者：××さんの退職はとても驚きました。どのような理由でお辞め
　　　　になられたのですか。

　優秀な技術者を失うことにより当該企業の研究開発が鈍化し、将来的
な売上高減少、地位の低下があるかを見極めるようにします。

④具体的対応策

　１．技術者の退職がどのような影響を及ぼすか見極めます。会社の次
世代を担う研究開発を行っている場合、それが頓挫した場合に被る損害
を見極めます。技術自体が他社に移り、当該企業の相対的な地位が危う
くなるようなことはないかも把握するようにします。中長期的に会社に
将来性・展望があるのか（退職の理由はそれらがないためではないか）
を正確に把握します。

　２．退職者に代わる人材の確保は考えられているか、退職者のプロジェ
クトを引き継ぐ人材が存在するか、すでに引き継がれているかを確認し
ます。

　３．当面の会社の業績にどのような影響があるのかの見極めを行いま
す。売上高の減少、資金繰りに支障をきたす可能性がある場合は動向を
注視します。技術自体が他社に流れ、会社に大損害を及ぼす影響が見ら
れる場合は特に警戒します。成長の将来性が損なわれる場合は、融資額
縮小も視野に入れた対応を行う必要が出てきます。

(3)生産方式を変更した

①担当者としてすぐに考えるべき項目

　生産方式を変更したというような場合、担当者としてすぐに考えるべ
き項目は次のとおりです。

　・合理化投資による生産ラインの変更か。
　・自社生産から外注生産を取り入れたための変更か。

・取引先・販売先の大幅変更か。

・資金調達の関係から自社生産をやめたことによる変更か。

・売上高・利益率にどのような変化が出るか。

・設備投資は適正か（土地・工場・機械設備など）。

・減価償却費はどう変化するか。

②着眼点

　前向きな事情か、後ろ向きの事情かで対応は異なります。前向きな事情としては、好況で需要に追いつけないため、一部合理化投資や外注生産の複合化による要因が考えられます。後ろ向きの事情としては、減産により従業員数の減少を第一義においたものと、資金調達の関係から自社生産を縮小したことが考えられます。さらに業種の転換を迫られ、新規部門に進出するということも考えられます。

③実態のヒアリング法

　生産部門や販売部門の責任者に直接、工場見学を申し出て、自分の目で見て確かめるようにします。

担当者：生産ラインが大幅に変化したようにお見受けしますが、狙いと対策について教えて下さい。

　現場責任者は本音をもらしがちなので、この質問に対する返答の雰囲気で前向きなものか、そうでないかを察知するようにします。

④具体的対応策

　1．生産方式を変更する理由の見極めを行います。売上高の拡大を企図するものであれば、自ずと生産数の拡大が表れますし、企業体質を強化するものであれば、合理化、人件費減少、製品原価の低減などが表れます。一方、後ろ向きの事情であれば、原因を究明し対策を講じる必要があります。売上高減少による生産調整は、実態を正確に把握して貸出

債権の保全を講じることを考えます。販売先・仕入先の大幅な変化によるものであれば、変化による影響度を調べます。人手不足により、外注生産切替えを余儀なくされるケースもあります。

　２．生産方式の変更による効果を十分に把握します。売上高・利益率の変化を時系列でとらえ、分析します。生産に従事する従業員の反応にも注意が必要です。

(4)設備の稼動状況が芳しくない

①担当者としてすぐに考えるべき項目

　設備の稼動状況が芳しくないというような場合、担当者としてすぐに考えるべき項目は次のとおりです。
　　・減価償却費・借入金利で赤字になっていないか。
　　・人員が余剰となり、人件費のムダ使いはないか。
　　・営業店舗の場合、近隣マーケットに問題があるのか。
　　・工場設備の場合、ラインバランスに問題はないか。
　　・設備を閉じることが合理的であるか。

②着眼点

　設備稼動状況が芳しくない原因として、以下のような場合が考えられます。
　　・需要低迷により生産調整を余儀なくされている。
　　・旧式の設備であり、生産性が極めて低い。
　　・外注生産のほうが望ましいが、無理して内製化している。

③実態のヒアリング法

　工場長や労務課長に直接設備の稼動状況・問題点をヒアリングします。
担当者：当該工場の生産設備稼動状況は同業他社・同業他工場と比べてどのようなものでしょうか。

当該営業店の投資効率は同業他社・同業他店舗と比べてどのようなものでしょうか。

「ここを改善すればもっと成績が良くなる」という回答が得られる一方で、工場や店を閉めるか否か悩んでいるというケースもあり、十分な実態把握が重要です。

④具体的対応策

1．不稼働に陥っている根本の原因を把握します。需要低迷が原因であれば、営業担当者の開拓余力がどのくらいあるかをヒアリングしてみます。人的な能力不足に起因するものであれば、教育・研修のレベルアップによりどのくらい改善するかまで踏み込みます。設備自体に問題があるということであれば、さらに投資を行い改善・向上させるのか、廃棄して効率化するのがよいかの見極めも必要です。

2．設備の閉鎖、形態変更や追加投資によるバージョンアップかの選択は慎重に行うよう進言します。設備開設当初は赤字になるケースが多いものです。原因が初期的赤字にあるのであれば、売上高の極大化を目指すことによって、初期的赤字を払拭できます。

3．改善のための根本的な対策をどう進めるか検討します。経営資源の投入に対する売上高・利益の内容を部門ごとに分析し、方向性を決定します。人の問題であれば、短期的には入れ替えで対処して、様子を見ることが効果的といえます。生産設備であれば、ラインバランスの再構築を行うべく、コンサルタントなどを入れて改善を図るべきです。こうした対策には設備投資の融資も必要となるケースがあります。金融機関としては、確実に資金を回収するためのアドバイスを行う必要があります。

(5)生産計画が予定どおり進んでいない

①担当者としてすぐに考えるべき項目

　生産計画が予定どおり進んでいないというような場合、担当者として
すぐに考えるべき項目は次のとおりです。

・赤字となっていないか。

・需要低迷で生産調整を余儀なくされていないか。

・工場の生産管理担当者のレベルが極めて低いのではないか。

②着眼点

　生産計画が長期間、予定どおり進んでいなければ、資金繰りや収益に
悪影響を及ぼすことになります。

　主なチェック項目は以下のとおりです。

・納期が遅れがちではないか。

・工場の周りに原材料や中間品が山積みされていないか。

・工程の順序やレイアウトが非効率ではないか。

・ラインバランスが極端に悪いのではないか。

・外注先・納入先との連携が悪いのではないか。

③実態のヒアリング法

　このような生産現場での問題点は、部外者が見てすぐに分かるもので
はありません。現場責任者や工員に工場見学などを依頼し、直接ヒアリ
ングすることが効果的です。

担当者：新工場の稼動が計画どおり進んでいないようですが、根本的な
　　　　原因はどこにあるとお考えですか。

　　　　工員の皆さんは新工場の生産方式などのどこに問題があるとお
　　　　考えですか。

　製造業の場合は固定費が高いので、生産の不具合による売上高低下の

影響は、赤字に直結します。日頃から原因を追究して改善していくことがポイントとなります。

④具体的対応策

　１．生産力向上のため、金融機関がアドバイスを含めてできることを検討します。例えば工場コンサルタントに現場を見学してもらい、問題点を指摘の上、改善の方向性を提示するようにします。改善のための追加融資の申出があれば、改善による効果と返済の安全性を見極め、専門家の意見を聞きながら融資方針を決定します。

　２．自社努力により改善する方向性についても、積極的に助言します。最も能率の悪い工程を見極め、人員の重点配備や係替えを積極的に実施し、全体のバランスをとることが考えられます。勤務時間の延長、休日や早朝の作業も視野に入れてもらいます。

　３．設備資金を融資している場合、こうした状況を放置すると赤字に転落し、設備融資の回収も不可能となる可能性があるので、予定していた生産に追いつくまで改善指導を行う必要があります。改善計画書の提出を義務づけ、改善の効果測定、融資回収の資金繰りのフォロー、担保余力などをみていきます。

(6)生産現場の退職者が多くなっている

①担当者としてすぐに考えるべき項目
・退職者の規模はどのくらいか。
・退職者は正社員であるか非正社員か。
・労働条件（賃金、勤務時間等）に問題はないか。
・納期や品質に悪影響を及ぼしていないか。
・会社の業況悪化などの要因はないか。

②着眼点

　生産現場の退職者が多くなっている要因としては、待遇面で同業他社や近隣他社と比べて劣悪であること、時間帯が合わず、特にパートタイマーの場合、子供の教育、育児に不具合であることが想定されます。社員教育の不行き届きで仕事が覚えられないといったことや、人的なコミュニケーション不足であり、会社の雰囲気が悪いことも想定されます。生産現場が危険であることも多くあります。さらには、会社の業況が極端に悪くなっているというケースも想定されます。

③実態のヒアリング法

　生産現場の退職者はどの企業にもあるが、「大量の退職者」が出た際はヒアリングして原因を突き止めることが重要です。直接退職者に聞くのがベストです。

担当者：このたび××工場を退職されたとのことですが、動機や原因について教えていただけませんか。

　返答内容や相手の表情で会社に重大な事態が起きていないことが感じ取れれば、まず安心とみてよいですが、そうでない場合は詳細を究明します。

④具体的対応策

　１．実際に大量の従業員が退職した場合には、生産に支障がないようにカバーできているかどうかを確認します。販売先や納入先の風評も調査し、実態を正しく把握するようにします。重大な事態に発展することも想定されるような場合は、経営トップを含め、広範囲に情報を収集します。

　２．退職を補う（防止する）手当ての策定状況を見極めます。工場労働者の募集・補充体制ができているか、賃金や福利厚生の充実など、従業員が満足する待遇が構築できるか、危険作業の防止など設備面に問題

があれば、その修繕計画は進んでいるか、などを確認します。こうした改善が進んだものの退職が続く場合には、他の理由が存在するため徹底的に調査します。

　3．会社の重大な事態を察知したら、大事件の発生や倒産の可能性があります。従業員が「逃げ出している」ようなケースを察知した場合は、貸出金保全に早急に万全の体制で臨みます。なお、徐々に退職者が増えているケースも、将来的に業績不振に陥ることを想定すべきといえます。

(7)親会社からの発注が減少した

①担当者としてすぐに考えるべき項目
　親会社からの発注が減少したような場合に、担当者としてすぐに考えるべき項目は次のとおりです。
　・親会社を販売先とする場合の依存度はどうか。
　・切り捨てられることはないか。
　・納品単価の値下げ要求レベルはどうか。

②着眼点
　親会社からの発注減少の原因として、イ．親会社の業績悪化で当該部門の縮小やコストダウンによる値下げが必要となっている、ロ．親会社が他の業者へ発注を鞍替えした、ハ．海外から安い製品を輸入し発注を減少させた、ニ．技術力や価格競争力が低下し親会社から見限られた、等が考えられます。
　主なチェック事項は以下のとおりです。
　・被振込会社、小切手・手形の入金金額、割引の金額はどうか。
　・親会社との資本関係、貸借関係、人事交流などを調べ、どの程度の
　　結びつきかを把握。
　・生産や販売ラインが親会社依存度を低下させることができるか。

③実態のヒアリング法

親会社と納入企業双方にヒアリングし、実態の解明を行います。

担当者：（親会社に対して）子会社からの仕入れの動向に変化が出ているようですが、どのような原因・理由によるものでしょうか。
（子会社に対して）親会社からの回収を拝見しておりますと、最近やや減少しているようですが、どのような原因・理由によるものでしょうか。

双方の言い分をヒアリングし、納入企業（子会社）の存続に影響するものかどうかを見極めます。

④具体的対応策

１．当該企業の売上構成中に占める親会社向け販売シェアを確認します。他に取引先があり、かつ製品の販売における支障がなければよいですが、親会社からの受注の減少で利益が計上できないような事態になれば、金融機関として無視はできません。親会社の意向を、人的あるいは金銭的支援を検討可能かどうかも含めて確認します。

２．当該企業の存続に係る抜本的な対策を講じます。業界全体の問題から親会社が受注を減少しているようであれば事態は深刻です。事業転換を含めたリストラ策の策定が急務となります。企業単体に問題があり受注が減少しているケースは、親会社の意向に合うような体制の整備、他の取引先への販路拡大など融資面での協力を含めて検討します。

(8)研究開発費が減少している

①担当者としてすぐに考えるべき項目

研究開発費が減少しているような場合に、担当者としてすぐに考えるべき項目は次のとおりです。

・研究開発費をかけるべき人材がいないのではないか。
・同業他社の動向はどうか。

・構造的不況業種で研究開発費を削減しなければならないのではない
　か。
・研究開発費に代わる他の費目で支出していないか。

②着眼点

　研究開発費が減少しているということは、技術開発に資金をかけてい
る余裕がないとみて間違いありません。従来まで費用として支出してい
たものの、人材が乏しく無駄と認定されているために経費削減の材料と
されたケースも考えられます。
　業界内で製品の開発が一段落したため、これ以上の開発は不要となっ
た場合は、特に問題はないといえます。もちろん次の開発が必要となる
ので、それに気づいていない経営者の場合は問題をはらんでいるとも考
えられます。

③実態のヒアリング法

　社内の研究開発部門の研究スタッフに直接問い合わせることが効果的
です。会社の業績不振など一方的な理由で予算カットされている場合は、
不満を持っているケースも多くあります。
担当者：今般の重点研究開発テーマとそれらの開発予算はどうなってい
　　　　　ますか。昨年比ではどのくらいのウエイトとなっていますか。
　一概に減少したからといって業績悪化を疑うことはできません。しか
し、出し惜しみ的なスタンスはその企業を弱体化させるので要注意です。

④具体的対応策

　１．研究開発費を使う余力がなくなってきたのかについて、過去３年
前後の売上高と経常利益の状況をみて判断します。特に、経費で増やし
たもの、減少したものの毎月の費消スタンスをみて、例えば、広告宣伝
費、交際接待費など将来の種蒔き的経費が減少している場合は、業界全

体がやや不振とみるべきです。

　２．前向きな要因、後ろ向きの要因かを判断します。製造原価や人件費比率の上昇に対し、研究開発費が減少しているのは「開発意欲の減退」とみることができます。また、全体的に各経費を減少させている場合は「資金余力の減少」とみることができます。当該業種が絶えず研究開発に力を入れるべき企業であるケースでは、経費の節減は将来性にやや不安があり注意すべきです。

　３．業態的に今後も伸長する産業である場合、同業者の動向を考慮しつつ、研究開発に対する融資提案も一考です。ただし、一般的には将来に向けての開発投資には、担保がないケースが多いので、審査は慎重に行う必要があります。中長期計画などの提出を受け、研究開発に関連するアドバイスも可能な限り行うようにします。

⑼製品における法的トラブルが発生している

①担当者としてすぐに考えるべき項目

　製品における法的トラブルが発生しているような場合、担当者としてすぐに考えるべき項目は次のとおりです。

- ・トラブルの中身（金額、係争期間）はどうか。
- ・相手側を告訴しなければならない事態ではないか。
- ・一時的費用が発生することがありうるか。
- ・反社会的勢力が関連するケースか。
- ・トラブルに巻き込まれても、法務室など対処できるセクションを備えているか。
- ・顧問弁護士や弁理士などが機能しているか。

②着眼点

　例えば特許権で告訴された場合は、新製品開発の際に十分に調査していなかったことが考えられ、製造中止や特許料支払の可能性があります。

社内トップをはじめ開発・製造責任者の不行き届きが原因なので、日頃の製品・商品に対するトップの考え方をよくチェックしておくことが肝要です。

③実態のヒアリング法

　事態は深刻であり、金融機関としては経営トップに単刀直入にヒアリングします。対処方針、事態収拾へ向けての考え方を問います。

担当者：××についての情報が入りましたが、本件への対処、社長個人
　　　　　としての考え方、収拾へ向けて何をすべきかについてお聞かせ
　　　　　下さい。

　得意先や仕入先の反応など企業を取り巻く動向も、同様に確認すべきです。

④具体的対応策

　１．告訴に関する正確な情報を収集します。特許や商標権に抵触する製品の製造割合をヒアリング、相手の被害の内容・被害額を把握し、企業業績への影響を測ります。

　２．収拾に向けての被害額、損失額の確定と対策を検討します。特許料や使用料の支払、製造を中止した場合の売上・利益における損失額を把握します。保険に加入しているかどうかを確認し、加入している場合は、補償はどの程度見込めるかを調査します。仮に製造中止になった場合、企業を維持していけるかも把握し、先行きが見通せないようであれば、貸出金保全を含めて対策を打つことになります。

　３．再発防止策について検討します。保険未加入の場合には加入するほか、再発防止に備えて、社内体制（リスク管理体制の強化）の充実に向けたアドバイスを行います。顧問弁護士、弁理士、経営コンサルタントの活用を促します。

3 経営者のチェックと兆候把握

(1)最近、社長の不在が多い

①担当者としてすぐに考えるべき項目

　最近、社長の不在が多いという場合に、担当者としてすぐに考えるべき項目は次のとおりです。

- ・資金繰りが苦しく金策のためではないか。
- ・業界活動に忙しいからか。
- ・陣頭指揮で出張が多いのか。
- ・通院・入院のためか。
- ・趣味に夢中になっていないか。

②着眼点

　社長不在の理由が下記の場合は、要注意です。

- ・資金繰りひっ迫による金策で飛び回っている（借金取りから逃げ回っている）。
- ・体調を崩し、入退院を繰り返している。

　特に、資金繰りのために社長が不在というケースで、社長と連絡がとれないという場合は、非常に深刻な事態になっていると捉えるべきです。体調を崩しているケースでは、後継者やナンバーツーの存在をチェックします。

　一方、社長がトップセールスで陣頭指揮に当たっていたり、新製品の開発現場にいたりする場合は、積極的に評価できるケースもあります。ただし、その場合でも、社長の行動に対する社内のチェック機能がなければ、倒産寸前の先と新規取引したり、とんでもない製品を開発したりするリスクもあります。

　したがって、社長の不在が多いというケースは、他の要素も含めて総合的に判断する必要があります。

　主なチェック項目は以下のとおりです。

・資金繰りひっ迫による金策など、ネガティブな理由による不在ではないか。

・緊急の時、社長と連絡がつかない事態にならないか。

・社長不在による業務面への影響はどの程度か。

③実態のヒアリング法

担当者：最近、社長の姿をお見かけしませんが、どちらかお出かけなのですか？

取引先：ええ、販売先や外注などいろいろ忙しく動き回っています。

担当者：今までより頻繁になったということは、何か新製品や企画などがおありなのですか？

取引先：いいえ特にこれといっては。まあ、この不景気に社長が腰掛けているようではイカンということでしょう。

担当者：そうですね。でも社長が留守がちだと、社内でもいろいろとお困りでしょう。

取引先：まあ事務方は私で何とかなりますし、現場は工場長が責任者として見ていますから。

担当者：それはご安心ですね。外でいろいろな情報を集めてくるのも社長の重要な仕事ですからね。一度社長と、最近の動向についてお話ししたいとお伝えください。

④具体的対応策

　1．経営内容が悪化していることも視野に入れ、イ．最近の試算表を分析、ロ．当座預金の仕振り、融通手形の有無、運転資金の借入額など確認、ハ．大口販売先との取引状況、不動産に対する担保設定を確認、

といったアクションを取ります。

　２．社長が不在がちであることにより、業績面にどのような影響があるかを中心に把握します。営業面への影響は、売上高の推移、割引手形中の大口振出人の金額、大口の振込先からの入金などを確認します。社長不在中の意思決定、業務の指示状況、代行者を確認するとともに、社員のモチベーションに影響は出ていないかもチェックします。

　３．病気等であれば、通院・入院期間はどのくらいか、回復の見込みを聞きとります。不在時の権限代行者、後継者の有無を確認し、後継者と現社長との関係（親族か否か）を把握します。

　４．業務外で不在にしがちであるということを把握した場合は、業績が悪化していないか確認します。特にお金のかかる遊びが好きな場合は、相当の留意が必要となります。あわせて交友関係者の素姓も調査します。

(2)二代目経営者の経歴・経験に不安がある

①担当者としてすぐに考えるべき項目

　二代目経営者の経歴・経験に不安があるというような場合、担当者としてすぐに考えるべき項目は次のとおりです。

　　・創業者の影響力が強すぎるのではないか。
　　・二代目経営者が他業種から就任してきたからか。
　　・一部業務しか経験がなく、経営全般の把握ができないからか。

②着眼点

　「社長が担保」といわれるほど、創業者に影響力があるケースでは、二代目の経歴・経験に不安があっても、創業者が依然として権限を有するのであれば、それほど心配する必要はありません。つまり創業者の完全退任や死亡等で、二代目に全権がある場合、その「実力」を値踏みする必要があります。

　新社長の施策や方針のほか、社内外の空気、実現の可能性等を判断し

ます。二代目の経歴・経験不足を1つひとつ判断材料にするのではなく、「お手並みを拝見」し、具体的なアクションの中で判断します。

　特に注意を要するのは、次の2ケースです。

イ．社長の存在感が希薄。

ロ．先代の施策を180度変革し、長老クラスの退職（首切り）、若手の登用、取引先の入れ替え等を次々と実行。

　イ．の場合、それでも会社が回っていけば、むしろ良い評価もできます。ロ．は大成功もあるが、大失敗もあります。二代目が会社を潰したケースは多いかもしれませんが、反対に会社を伸ばした事例も同じくらい存在します。当初から次期社長として帝王学を学んできたことが良い結果につながることもある一方で、異業種で荒波に揉まれてきた経験が生きる場合もあります。

　主なチェック項目は以下のとおりです。

　・社内の雰囲気はどうか。

　・重要ポストの社員が退職していないか。

　・二代目経営者が会社経営にどのような姿勢・スタンスで取り組んでいるか。

③実態のヒアリング法

　就任の決意、経営方針、会社の将来像等をヒアリングします。打ち出す施策に対する考えやそれに対する社内外の雰囲気・反応を把握します。

担当者：社長就任後、半年経ちましたが全般的にはいかがですか？

社　長：分からないことだらけですが、何とか軌道に乗りかけています。

担当者：以前のお勤めの頃と比べると、だいぶ違いがありますか？

社　長：上に立つ責任というものは、やはり大きいですね。仕事の方は専務や部長たちに聞き、少しずつ慣れていくしかありません。

担当者：社内の雰囲気をどう感じておられますか？

社　長：多少戸惑いもみられるようですが、みな協力的に働いてくれて

います。

担当者：逆に今までと違った、社長独自の新しさを出せるかもしれませんね。

社　長：ええ、私なりの経験や人脈を生かして、そうできればいいと思っています。

④具体的対応策

　1．他業種から就任してきたケースは、業界・会社への理解の程度、経営への熱意を聴取、観察します。二代目経営者としての方針・施策を確認し、従業員への浸透度を調査します。公的資格・特技の有無、性格や人柄等も側面調査します。

　2．業務経験が一部のみで、経営全般の把握ができないケースは、これまで経験した業務を確認し、未経験部門の習熟度を調査します。二代目就任後、製造部門に関しては、合理化や設備投資が効果的に行われているか、営業部門に関しては、売上・取引先は増加しているかを、それぞれ過年度と比較検討します。

(3)後継者が見つかっていない

①担当者としてすぐに考えるべき項目

　後継者が見つかっていないというような場合、担当者としてすぐに考えるべき項目は次のとおりです。

　・子息がいないからか。
　・子息はいるが、適任者ではないからか。
　・子息はいるが、事業を継ぐ意思がないからか。
　・子息はいるが、現社長が譲ろうとしないからか。
　・親族以外で、社内に適任者がいないからか。

②着眼点

　代表者が高齢者であるにも関わらず、後継者がいないというのは「将来性に乏しい」と判断せざるを得ません。子息がいないからといって代表者をいつまでも続けるのではなく、適任者に早期に社長を譲り、会長として社業をみることが望ましいと考えられます。

　子息はいるが適任者でない場合、後継者選びに失敗すると、内部分裂が起きて業績が低下するおそれがあります。

　子息はいるが、事業を継ぐ意思がない時は、社員の中から選ぶことになるものの、これも内紛のおそれがあります。

　子息はいるが、現社長が譲ろうとしないこと自体に、特に問題はありませんが、現社長が高齢だと問題があります。

　こうした「後継者がいない」場合に考えられる選択肢は、イ．第三者に経営権を譲る、ロ．「雇われ社長」を後継に据える、ハ．廃業、となります。

③実態のヒアリング法

　経営者の年齢や健康状態を把握し、現経営者の後継者に対する考え方も確認します。

社　　長：昔ほど体力がなくなってね。このところ疲れやすくなりましたよ。

担当者：いや、まだまだお元気そうです。でも、今までのように社長が経営全てを仕切るというのは、大変でしょう。体力・時間・精神的に負担になりますよね。

社　　長：将来的には、実はA社で勤めている次男に継がせたい気持ちがあるんですが、本人がどうも迷っているようでして…。

④具体的対応策

　1．後継者が確定するまでは、新規事業への大口投資は中止するよう

進言します。後継者が確定していないものの、候補者がいる場合は、現代表者の後見のもとで後継者が経営する期間を設けることとしているか、後継者は従来の業績を守っていける人材だと確信できるか、仮に内紛や分裂などが起きても業績を落とさない見通しが立つか、などをチェックします。

　２．現社長が会長となる計画の場合は、経営に関与する度合と、後継者の権限を確認します。

　３．どうしても後継者がいないということであれば、第三者に経営権を譲るのか、最終的に廃業という選択肢を取るのか、早期の方針決定を促します。

(4)頻繁に営業店に顔を出していた社長が来なくなった

①担当者としてすぐに考えるべき項目

　頻繁に営業店に顔を出していた社長が来なくなったというような場合、担当者としてすぐに考えるべき項目は次のとおりです。

　・体調が悪くなったのか。
　・業務が忙しくなり、時間がなくなったのか。
　・取引に不満が生まれ、他金融機関との取引が拡大しているのか。
　・業績が悪いため、顔を出しにくくなったのか。

②着眼点

　「社長が来なくなったな」ということに気づいたら、「何か会社に変化があったのか」「渉外係は訪問時に面談できているのか」「決算書上、変化はないか」「取引ぶりに変化はないか」などと、連想を広げることが大切です。

　特に注意を要するのは、次のケースです。

イ．社長が体調不良で、あまり出社もしていない。
ロ．自金融機関との取引を重視しなくなった（他の金融機関へは頻繁に

出入りしている）。

　イ．は、後継者やナンバーツー等、「ポスト現社長」の体制をチェックする必要があります。ロ．は、先方からの取引選別の動きとして注意します。いずれも他の兆候と合わせて判断するようにします。

③実態のヒアリング法

　金融機関側か、会社側か、どちらかに原因があるかを慎重に把握します。社長の経営意欲を見るため、今後のプランについて話し合うことも効果があります。

担当者：社長、ずいぶんお忙しいようですね。

取引先：銀行には顔を出そうといつも思っているのですが、なかなか時間が取れなかったんです。

担当者：ところで、来月の商品は力をいれていると聞きましたが

取引先：ええ、私どもも創業以来の大きなビジネスチャンスですからね。売上も前年比の３割増が目標です。

④具体的対応策

　１．社長の体調が悪いという場合は、病気の具合・回復の見込、その期間をつかんでおきます。その結果、業績へ悪い影響が出ている場合は、対策をたてているか、代行者の権限及び能力はどうかも調査します。

　２．資金繰りのため社長が忙しいということを察知できた場合は要注意です。資金繰りが繁忙となる原因を十分調査します。新商品等の売り込みなどで忙しい場合は、短期的にはそれほど問題はありません。人手不足を社長がカバーしているという場合は、採用の計画・人材育成も調べます。

　３．金融機関との関係悪化が考えられるケースでは、他金融機関の攻勢が原因であれば、早急に取引内容（利率等各種条件）を確認し、社長との意思疎通をはかる必要があります。この際、金融機関の側からアプ

ローチし、原因を解明する姿勢が大切です。

　4．業績が悪化していることが察知できた場合は、当座取引の仕振り、融通手形の可能性、延滞発生の可能性を確認し、大口取引先との取引状況も調査します。

第 5 章

融通手形の発見と対策

先輩社員：第2章から第4章までは「粉飾決算」を中心に解説してきました が、この粉飾決算と切っても切れない関係にある、ある ものがあります。

新入社員：なんでしょうか？　それは。

先輩社員：「融通手形」です。赤字決算を黒字に見せかけるような企業 の内情は「火の車」といえます。資金繰りは苦しく、資金調 達も容易ではありません。そうすると、「商取引の裏付けの ない手形」を「振り出して」金融機関に手形割引を依頼する こととなります。

新入社員：そうした手形のことを「融通手形」というのですね。そうい えば、第4章の解説でも出てきましたね。

先輩社員：そうです。融通手形に商取引の裏付けはありませんが、その 手形を割引いてもらうにあたっては架空売上を計上して、つ じつまを合わせることになるのです。

新入社員：ということは、融通手形で資金繰りをやりくりすると、決算 書の粉飾は避けられなくなってしまうのですね。

先輩社員：そこで第5章では、融通手形により資金調達をしていること を発見した場合の対応策等について解説していきます。

第1節

融手操作の実態調査

1　融手操作の実態究明

　取引先が融通手形操作（融手操作：実際の商取引がないにもかかわら
ず、資金調達のために手形を振り出し資金化する行為）をしていること
を発見した場合は、まずその操作の実態を究明しなければなりません。
金融機関側の分析によって融手操作を発見した場合、時には、取引先が
融通手形であることを認めないこともあります。取引先側も融手操作を
認めてその解消に努力するのなら、その後の処理もやりやすいのですが、
融通手形ではないと主張している場合、あまり一方的に決めつけるのも
危険です。

　この場合、自金融機関側から見て「債権保全」ができているかがポイ
ントです。もし、「債権保全」ができていれば性急に手を打つ必要はなく、
しばらく静観することとします。しかし、無担保・無保証の与信を含む
取引先で融手操作が発覚した場合は、たとえ取引先が否定しても、早急
に「資金繰表」等を徴求して実態の究明に当たらなければなりません。
それと並行して「債権保全」策を講ずるべきです。

　融手操作の実態究明は次のように行います。

　融手操作のパターン、受取融手の運用形態（割引、商担手貸、裏書譲
渡、代金取立手形）を調べ、当該取引先が融通手形を資金繰り（現金、

手形）に、どのように利用しているか、そのウエイトがどの程度かを把握し、この融手操作をやめた場合にどのような状態になるかを想定します。

例えば書合融通手形であって、自金融機関の取引先は受取融手を「代金取立手形」として取り立て、自社が振り出した融手の決済資金に充当していたとすると、この融資手形は「貸手形」に類似しており、融手操作をやめても、資金繰り上は影響を受けません。

しかしこの受取融手を「割引、商担手貸」として資金化していると、融手操作をやめることにより「手形不足」を示すことになります。その場合は、単名手貸で支援をしなければならないケースも出てきます。このように融手操作の実態究明は、その後の取引先に対する対処の仕方に密接な関係があるといえます。

資金繰表や貸借対照表の分析によって、融手の把握はまずその総額を把握します。

支援を決定する場合にも、支援の程度が分からなければ方針が出せません。取引先は、始めは少なく報告して金融機関側の支援を受け、支援着手後に必要資金額が当初の予想以上に膨らむ事態になる場合が多いものです。当初の段階で十分な調査をし、全貌を把握しておくことが特に大切です。

2　決算粉飾の分析結果に対する対応

(1)粉飾の態様

第2章で詳しく解説したとおり、粉飾と一口にいっても、種々の態様および重要度に差異があります。当該会社との取引のある利害関係者の立場に立って分類してみると、

・期間損益の粉飾に属するもの

・不正計算の粉飾に属するもの
・粉飾金額の重要度
・簿外負債の存在
・融通手形の存在
の5つに分けられます。

(2)5つの粉飾に対する対応

①期間損益の粉飾

　この粉飾は、問題をとりあげる立場からすると、根本的な重要性を持つものではないといえます。長期的な観点からすると、会社の存立に直接的影響は少ないと思われるからです。特に引当金等による利益調節は、一応問題にする必要はないといえます。

②不正計算による粉飾

　この種の粉飾が発見された場合、その会社にどういう態度で臨むべきか吟味する必要があります。今後取引をやめるのか、継続するのか、継続するにしても縮小していくのか、明確な方針をたてて対処すべきです。

　現状は内容のよい会社であっても、この種の粉飾を行う会社は、経営者の根本的な姿勢に問題があり、会社はやがて経済社会から脱落していくおそれが強いといえます。したがって、この会社との取引のあり方について結論を下す場合、粉飾の程度、内容、頻度および経営者の経営姿勢等を総合勘案して決定すべきです。

③粉飾金額の重要度

　決算の粉飾については、その程度と手口が問題です。その会社の規模、財政状態、収益状況にどの程度のウエイトを占めているか。その手口が不正につながるものであるか。極論すれば、その粉飾が当該会社にとって致命的ものであるか、これらを見極めて判断する必要があります。

④簿外負債の存在

　簿外負債は、粉飾の手口の中でも最も危険なものといえます。会社に関係書類等の提出を求めるとともに、役員等にも質問をして徹底的に追及し、全体像を捉えなければなりません。全体の額が把握できない場合のほか、会社の財政状態から判断して、体力以上の簿外負債がある場合は、即座に取引中止の判断をすべきです。

⑤融通手形の存在

　融通手形の存在は、金融上の粉飾といえます。融通手形が発見された場合は、金額および受取手形（含割引手形）中に占める割合、融通手形の信用度等を考慮し、会社に対する対応を決定すべきです。

3　融手操作の実態を究明するための調査

　融手操作の実態を究明するために、相手先（振出人、裏書人）との関係調査を行います。調査方法は種々ありますが、相手先を実地調査する場合は、自金融機関の直接の取引先でないことが多いため、取引先の実地調査以上に難しいものです。この調査結果により、「融手操作の解消策」も考えられるので、基本的な調査といえます。

　調査のポイントは、「自金融機関の取引先がこの融手操作において、商取引および資金繰り上どんな立場にあるか」「融手操作を解消できるか」「解消した場合、両者の商取引や資金繰りはどう変化するか」「簿外融手または申告漏れの融通手形はないか」という点です。

(1)相手先との商取引上の関係

①両社の商取引上の関係
イ．仕入先－販売先

　甲社（自金融機関の取引先）が乙社（甲社の相手先）に販売している

場合、一般的には、甲社は販売先である乙社に対して弱い立場にあります。しかし甲社がその商品について強い「ブランド」を持っていたり、需給が逼迫していたりする場合には、甲社の立場のほうが強いこともあります。

　また、販売先とはいっても、甲社がメーカーであるか、一次問屋であるか、二次問屋であるかの差もあります。甲社と乙社が同一系列下にあるのか否かによっても、親密度が異なってきます。販売会社が自社ブランドをもって、メーカーに製造させているケースも多数あります。

ロ．親会社－子会社

　親会社と子会社の融手操作は、表面的には商品等を売却した形をとることが多く、一概に「融手」と断定できません。このような子会社手形は、元来親会社の割引手形には適さないものです。すなわち実質同一会社の手形割引は、与信管理上は単名手貸と同様です。

　一方、子会社の取引金融機関が、親会社の手形を割引くのは、他の手形割引と同様と考えてよいです。

ハ．主力先－付合先

　甲社（自金融機関の取引先）は乙社（甲社の相手先）から全仕入高の8割を仕入れていて、この乙社に頼まれた甲社が「貸手形」をしていたケースがあります。

　このようなケースでは、甲社は乙社に対する商売の依存度があまりに高すぎるため、一方的に「貸手形」をやめられません。したがって甲社の取引金融機関としては、甲社の「貸手形」をやめても、乙社の資金繰りがつくような解決策を講じなければならなくなります。

　もし乙社が救済不能の場合は、甲社との取引も打ち切らざるを得ない場合も出てきます。この場合、甲社と乙社の商売上の依存度を詳しく調べる必要があります。

ニ．買取販売－委託販売

　一般に取引は買取ですが、力の強い会社は、弱い会社に委託販売の形

をとらせることもあります。買い取っておいて、自社で売却できないときは、売主に買い戻させるというケースもあります。これも両社の「依存度」を知るポイントとなります。

ホ. 仲間取引

　融通手形は仲間取引に最も多くみられます。同業者は「競合」であるものの、他方で「仲間」として協力しあっています。商品売買もあるので、商取引による手形と融通手形とは見分けがつきにくいのです。特に特定の銘柄のみが増加する場合は危険です。

②調査の方法

　自金融機関の取引先に資料の提出を求めて検討し、質問等により確認します。

　相手先調査の項目は次のとおりです。

- ・自金融機関の取引先と相手方が取引上どういう関係にあるか
- ・取引開始の年月および原因
- ・最近の取扱実績（できるだけ長期間。全体の取扱高に占めるシェアを見る目的もあり、仕入および販売大口先は他社取扱高も調査する）
- ・主要商品名、取扱高、単価
- ・両者の前後の販売、生産ルート
- ・代金支払条件（例えば月末締切の翌月末２カ月手形で支払う等）

　調査で得た結果を、すでに徴求している書類等と照合して、矛盾の有無を検討します。

(2)融通手形の流れの調査

　融通手形の類型は数多くあります。手形の流れも多様で、典型的な形としては「一方融手」と「双方融手」の２種類があります。

図表5-1　融通手形の流れ（一方融手）

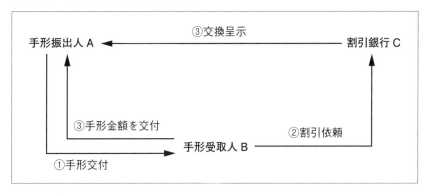

①一方融手

　Bが手形繰りに困って、Aに融通手形の発行を依頼します。そしてBは「借手形」をC銀行で割引きます。C銀行は、手形期日に手形を交換呈示してAに決済させます。

　一般の商取引と異なり、AはBから代価をもらっていないため、この決済資金は手形期日の前にBからAに現金または振込によって届けられることになります。

　この流れが1回で終わるのであれば大きな問題はありません。しかし、融通手形を必要としたBの業績が好転しない限り、手形のやりとりは続くことになる。Bに決済資金（図表5-1中③の資金）がないと、再びAから手形を借りてきて（手形金額も前より大きくなることが多い）、C銀行で割引して、その代金で決済することになります。ここから融通手形の悪循環がはじまるのです。

②双方融手

　AとBが互いに金額、期日が同じである手形を振り出して交換します。融通手形であることを隠すため、手形を分割したり、期日をずらしたりすることもあります。BはC銀行で割引いて資金化を図り、AもD銀行

図表 5-2　融通手形の流れ（双方融手）

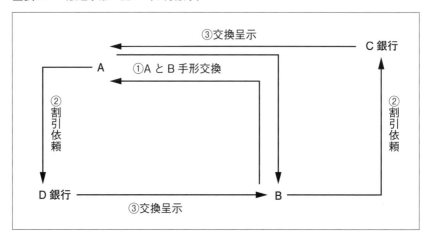

で割引いて資金化を図ります。CおよびD銀行は期日に交換呈示して決済を受けます。

　一方融手の場合は、Bは代金取立手形として手形を期日まで手持ちすることは考えられません。C銀行から単名融資を受ける条件として「代手持込」を要求される場合に、Bが融通手形を「代手」として預ける場合があります。これは一種の「担手」であり、資金的には割引したのと同じ効果を得ていることになるといえます。

　しかし双方融手の場合は、資金繰りに余裕のある者は、その手形を「代手」または「回し手形」として運用するケースも多いのです。「貸手形」の形式は「一方融手」であるが、貸す側であるか、借りる側であるかにより、手形繰りは異なってきます。

　「双方融手」の場合は、AとBが、「手形期日をどのようにしているか」「受取手形をどのような形で運用しているか」により、それぞれの資金繰りの状況が分かります。

　Bの手形期日がAよりも早いとすると、この融手操作は、BがAに依頼して始めたと見るべきです。手形の運用形態は、「代手」「回し手形」「担

手」「割引」の４種類ですが、この運用形態では資金繰りに一定の余裕
があると見ることができます。

(3)決済資金の捻出方法

　融通手形の決済が、融手以外の手段によってなされていると、この融
手操作はすでに解消されつつあると見てよいです。

　ただしこの決済が、売上代金の回収など経常的な資金によって決済さ
れていない場合には、融手操作を開始した時の体質が変らない限り、再
び融手操作がはじまる懸念があります。

　経常的な資金以外の資金調達としては、「金融機関以外からの借入」「金
融機関からの借入」「株式、不動産など資産売却」「増資」などがありま
す。これらの手段によって、完全に問題が解決されるのか否かを検討す
べきです。この場合のポイントは「フロー」としての収益力です。「期
間損益」が黒字でないと、結局は資金不足につながってくるといえます。

4　融手操作の相手先の信用調査

(1)業況調査

　融手の相手先の業況調査を行うことは、直接の取引先ではないので諸
資料も入手しづらく、企業内容まで立ち入った調査をするのは困難です。
業況調査は、企業をとりまく外部関係から調査するほかありません。

①取引先（割引依頼人）からの聴取

　割引依頼人は、融手振出人である相手と手形の貸借を行うことができ
るという関係から考えても、その関係は深く、相手先の内容を熟知して
いるものと思われます。相手先内容の説明は、はっきりしない点が多い
でしょうが、内容把握の糸口をつかむことができます。

手形成因調査ともなるので、特に取扱品目、販売仕入先、月商、設立年月日、従業員数、取引金融機関、依頼人との取引開始日、手形の発生原因は十分聴取する必要があります。手形成因として販売品目や数量等も聴取しておくと、その単価が適正かどうかを判定できます。後日の実地調査の場合や帳簿等とのつき合わせの場合にも役立ちます。

②同業者からの聴取

同業者の動向は、販売単価や仕入単価についても、また販売仕入の条件の点についても自社の経営政策にとって重要なことです。各会社は日常の経営活動、同業者組合または自社の仕入先、販売先などを通じて、あらゆる機会に情報入手の活動を行っているものです。

したがって、同業者から調査対象先の状況を聴取することができる場合が少なくありません。この場合、時には自社の優位性を強調するために故意に悪い情報を伝えてくる場合もある点には注意が必要です。また、繊維業、工具卸関係など横の関係が深い業界では、聴取側の質問内容によっては、調査対象先の信用を傷つける場合もあり、注意を要します。

③相手先への訪問

手形の振出確認の目的もあわせて、直接相手先を訪問し、自分の目で企業を見てくることは特に参考になります。この場合、取引の勧誘と異なり、融通手形の相手方と見ている先であり、相手は非常に警戒心を持って応対すると思われるため、質問事項も限られることになります。

その中でも、イ．どんな商品の代金か、ロ．取引開始はいつか、ハ．仕入シェアはどのくらいかは、必ず聴取する必要があります。訪問調査は手形についての質問も必要ですが、会社内が整頓されているか、従業員が活気を持っててきぱき仕事を行っているかなど、現場の様子を直接観察することも企業を把握するのに大いに役立ちます。

④その他

　信用調査会社を活用して、相手先の販売先、仕入先、業歴等を調査します。さらに取引先に自金融機関の取引先があれば、その取引先を通じて聴取することなどにより、調査の精度を高めていく必要があります。

(2)資産の調査

　資産には預金、受取手形、売掛金、その他の債権と、商品、仕掛品、原料などのたな卸資産のほか、建物や土地などの固定資産および無形固定資産等があります。手形の関係で、第三者である金融機関が振出人の資産を調査しようとしても、資産の全部について調査することは難しいといえます。不動産については、不渡事故等により債権回収の必要が生じた場合、回収資源としても確実性があり、まずは不動産の調査からはじめるべきです。

　不動産の調査資料としては、登記簿などがあります。登記簿は、利害関係人なら誰でも閲覧できますが、目的物件を特定する必要があります。登記簿を閲覧する時、共同担保登記のある場合は、共同担保目録を閲覧ないしはその謄本をとると、他の所有不動産も調査でき、所有不動産調査に貴重な資料として活用できます。

(3)取引金融機関の融資態度

　振出人の信用調査で重要な手段として、振出人の取引金融機関の調査があります。この場合、メインバンクがあるか、融資態度はどうかがポイントになります。

　金融機関の融資態度は、貸出の増減状況から判断したいところですが、金融機関は取引先の秘密を保持する義務があるので、細部にわたっての調査は難しいといえます。この場合、直接取引金融機関を訪問して、担当者から通常用いられる信用照会の項目に従って聴取し、面接から受ける感触等を総合して判断することになります。

5 融手問題の解決策

(1)取引方針の決定

　取引先の融手操作の実態が判明した場合には、その取引先に対する取引のあり方を決定しなければなりません。決定プロセスの具体例を示すと、次のとおりです。

①現時点での債権保全が完全か否か

　現時点での債権保全が完全であるか否かが、最大のポイントとなります。融通手形分は一応決済に懸念があるものと見て、与信、引当状況を一覧表にして確認します。債権保全が完全にできていない取引先は、保全策を講じなければなりません。ケースによっては否認権を行使されないように、担保取込みの時期と倒産時期に法定のインターバルを保てるよう、担保設定は早いほうがよいといえます。

②融通手形の発生原因と取引方針の決定

　融通手形の発生原因と取引方針の決定の関係は、次のように考えられます。

〈設例〉甲社と乙社が融手操作をしており、甲社がA銀行の取引先である

〈ケースⅠ〉発生原因…甲社が手形繰りに困って、乙社から手形を借りている場合

　融手操作をやめた場合でも、甲社の資金繰りがつくとは考えにくいので、甲社に対する取引方針は最も厳しいものとなります。A銀行が甲社に対して単名融資が可能であれば、もともと甲社は融手操作をすることもなかったはずです。したがって第三者から資金援助または担保提供を

受けられないと、A銀行としては甲社との取引を「引当範囲内」にとどめざるを得ません。

〈ケースⅡ〉発生原因…乙社が手形繰りに困って、甲社に手形を借りた
　　　　　　場合
　このケースでは、甲社が乙社に対して「貸手形」の形になっています。融手操作によって、甲社は資金的なメリットは受けていないため、ポイントは融手操作をやめた場合、乙社は自力で資金繰りをつけられるか否かです。自力でなくても、乙社の取引金融機関などからの支援によって資金繰りがつけば、A銀行にとって問題にはなりません。
　しかし、融手操作をやめた場合に乙社が倒産することになると、甲社の「貸手形総額」によっては、甲社も連鎖倒産するおそれがあります。発生原因と融手総額の究明は、この意味で重要となります。甲社の連鎖倒産が予想される場合、A銀行としてはやはり「引当範囲内」の取引にとどめざるを得ないでしょう。

〈ケースⅢ〉発生原因…甲、乙両社とも手形繰りに困って互いに手形を
　　　　　　交換している場合
　このケースは、ケースⅠおよびケースⅡの性格を兼ね備えています。この融手操作をやめても、甲、乙両社ともに資金繰りがつくのか否か検討すべきです。甲社の資金繰りがつくからといって、A銀行は安心できません。乙社が倒産した場合、甲社の受取手形は不渡となり、さらに自社振出の手形は決済せざるを得ません。資金繰り上も収益上も、「融手総額＋甲社の発行手形総額」がマイナス要因となります。
　A銀行としては甲、乙両社の資金繰実績および予定を徴求し、それを一般分と融手操作に分けて検討する必要があります。この結果、甲、乙両社のうち片方でも資金繰りがつかない場合は、甲社との取引を「引当範囲内」にとどめておくべきです。

③取引方針決定のポイント

　融手操作に限らず、取引先に問題が発生した場合、自金融機関がメインバンクまたはサブメインバンクとして親密にしてきた場合と、そうでない場合では、支援体制も基本的に異なります。メインバンクとしては、救済可能であれば何とかして支援したいところですが、付合取引のような場合は、どうしても引当中心に考えることとなります。

　したがって自金融機関がメインバンクの場合は、できるだけ早く融手操作の全貌を解明し、当該会社全体として自社発行の融手も決済できるか、資産面での裏付けはあるかを調べて、取引のあり方を決定しなければなりません。必要があれば他金融機関にも働きかけて支援を求め、融手操作の内容を説明して自金融機関の方針を示すべきです。

　実態は大したことでもないのに、信用不安から倒産に追いこまれるケースもあります。問題を外部に出さず、メインバンクと当該会社だけの問題として処理できれば、それに越したことはありません。

(2)手形の決済見通しの調査ポイント

　緊急の場合は直接支払義務者に確認します。手形の支払場所は他金融機関であっても、自金融機関の本支店の取引先であれば、その取引店を通じて聞くほうがベターです。

　手形は最終的には支払義務者の資力によって、決済の可否を決定すべきです。不渡返還されても偽造、変造などでない限り、割引金融機関は支払義務者に決済を求めることができます。単純に資本金、月商だけを調べるのではなく、「業歴は長いか」「取引金融機関との取引歴は長いか」「業種的に不渡処分を受けても困らないことはないか」等について、あわせて調査すべきです。

　本支店の取引先については、その本支店で相殺可能か否か、取引関係から見て決済を求めうるか否かを確認すべきです。

(3)融通手形不渡の予知

　融通手形と判明した場合、交換呈示する前でも、支払義務者に直接確認するのが一番早いです。融通手形と判明する前では、直接確認しても真実を答えてもらえることは少ないですが、判明してからは本当のことを答えてもらえることも少なくありません。

　さらに、割引依頼人を通じて確認します。支払金融機関に照会しても、特別の場合を除いて「決済不能」の返事をもらえることはまずありません。おおむね一般的な決済状況や業況を聞けるだけです。

　なお、交換呈示をした日は支払金融機関に「決済したか否か」を確認すべきです。不渡の場合、その理由も聞き、預託金が預託されている時は、仮差押の準備もしておく必要があります。

(4)融手操作の解消策

　融手操作のパターン、融手の総額によって、解消の方法も異なります。場合によっては、融手操作をした会社との取引を打ち切らざるを得ません。取引方針の決定について、「取引先」としては「経済的な麻薬患者」として面倒を見なければならないこともあります。しかし症状が重くて、立ち直らせることができない場合は、取引を打ち切るべきです。

①融手操作のパターン別解消策
イ．貸手形の場合
　この例は、乙が資金繰りに困って甲に融通手形の振出を依頼しているケースです。この場合、甲の取引銀行（A）は、甲が乙への融通手形発行をやめた場合にどうなるでしょうか。乙が倒産すると、甲はそれまでに振り出した融通手形を決済しなければなりません。

　したがってA銀行としては、まず甲に対する自行の債権保全と、甲の乙に対する債権保全策を講じた上で、融通手形をやめさせるべきです。

図表 5-3　貸手形のパターン

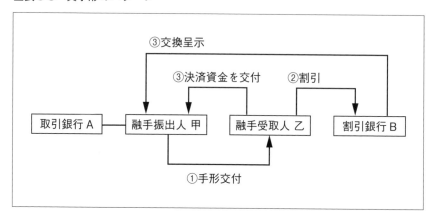

　実務的には、融手金額を段階的に縮小させていくことになります。

　乙の取引銀行（B）は、乙がかなり危険な状況にあるので、早急に乙に対する与信、引当状況をチェックし、自行の保全策を講ずる必要があります。すでに割引した手形については、法的に甲に支払を求めることはできますが、乙が破綻すると、甲も連鎖倒産する危険性があります。

　「契約不履行」などで不渡返還されると面倒なことにもなり、甲の信用度だけを頼りにしていると、予想外の事態に発展することがあります。

　そうはいっても、B銀行としては乙からの割引を即座に中止したり、単名与信を許容したりするのは、債権保全上得策ではありません。乙から「融手分」と「一般分」とを分けた「資金繰表」を徴求し、割引や支手決済もチェックし、とりあえず取引を継続していくべきです。そして原点に帰って、「融手の発生原因」を解消させるように支援していかなければなりません。

ロ．双方融手の場合

　この場合、甲も乙も「融手」によって資金繰りをつけており、甲も「貸手形」のケースにおける「手形を借りている乙」の立場と同様の性格を有します。「資金繰表」や貸借対照表上は、融通手形が受取手形にも支

図表 5-4　双方融手のパターン

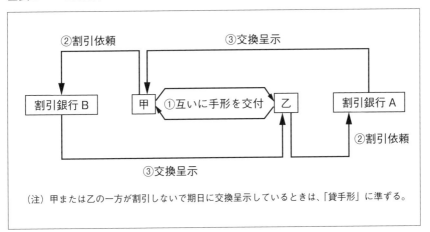

（注）甲または乙の一方が割引しないで期日に交換呈示しているときは、「貸手形」に準ずる。

払手形にも含まれている点に注意すべきです。

ハ．解消アドバイスのポイント

　融手操作の原因は「資金不足」であり、その原因は「利益率が低い」「立替期間が長い」「自己資本が少ない」などです。したがって取引先に「マージンの多い商売を伸ばす」「マージンの少ない商売を減らす、または中止する」「在庫を少なくする、売掛金の回収を早める、回収手形のサイトの短縮を図る、支払の締めを延ばす」「増資する」などの対策を講じてもらい、早期に融手操作の原因を解消するアドバイスをします。

②具体的な解消策

イ．マージンの少ない売上をやめる

　所要資金＝月商×立替期間です。マージンが少ないのであれば、その売上を少なくすることによって所要資金は減少します。

ロ．在庫管理を厳重にする

　製品種類が多い場合には、販売時点で在庫管理が的確につかめるPOSシステムを導入することは効果があります。自己の資金負担となる委

託販売を少なくするなどの方法を講ずることも適切です。

ハ．営業担当者の業績考課に「回収状況」を加味する

　例えば業績考課を単純に売上高で評価せずに、回収を加味した評価を（業績考課上の売上高＝売上高＋（前期末売掛金－当期末売掛金））というようにします。これにより、回収の促進を図ることができます。

(5)経営へのアドバイス

　融手操作は信用取引上の「麻薬」です。手形は「無因証券」ですから、貸すほうにとっては「現金貸」と同じであるとの自覚が必要です。「現金」で貸せないのなら「手形」でも貸してはいけないのです。

　融通手形を借りるほうも、融通手形によって「安易な資金調達」を行うことになり、経営の規律を損ねることになります。それでも融通手形をやらざるを得ない“それなりの原因”があるわけですが、経営者は本来、自力でその原因を克服すべきなのです。

　にもかかわらず、原因を克服せずに安易な資金調達をするところに基本的な問題があります。資金調達の苦労があってはじめて、資金を大切に使って事業をしようという意欲が出るものです。

　融手操作が発覚すると、取引金融機関の信用は一気に落ちます。金融機関側の出方次第で、他人により自分の会社が倒産させられるケースも多いことを、経営者は肝に銘じておかなければならないでしょう。

　本書は、株式会社帝国データバンクが第 1 章を書き下ろし、第 2 章～第 5 章については株式会社銀行研修社が刊行した「粉飾決算融通手形発見と対策」（夏目達郎著）、「リレーションシップバンキングのためのローンレビュー 120 のポイント」（銀行研修社編）を再編・加筆修正して刊行するものです。

〈編著者紹介〉

株式会社帝国データバンク

情報統括部　情報編集課　　　　　　　　　内藤　修

情報統括部　情報取材課　　　　　　　　　佐古　真昼

営業企画部　マーケティング課　　　　　　貞閑　洋平

リソースマネジメント部DBメンテナンス課　城戸　修

決算書のイロハから始める
粉飾決算の発見と対策　　〈検印省略〉

2023年11月15日　初版発行
　　1刷　2023年11月15日

編 著 者　　株式会社帝国データバンク

発 行 者　　星　野　広　友

発 行 所　　㈱銀行研修社

東京都豊島区北大塚3丁目10番5号
電話　東京 03(3949)4101　（代表）
振替　00120-4-8604番
郵便番号　〒170-8640

印刷／株式会社木元省美堂
製本／株式会社中永製本所
落丁・乱丁本はおとりかえ致します。ISBN978-4-7657-4698-4　C2033
2023 ©株式会社帝国データバンク Printed in Japan　無断複写複製を禁じます。
★　定価はカバーに表示してあります。

謹告　本書掲載記事の全部または一部の複写、複製、
転記載および磁気または光記録媒体への入力等は法律
で禁じられています。これらの許諾については弊社・
秘書室（TEL03-3949-4150直通）までご照会下さい。